JN101294

瓜生山歳時記

文　尾池和夫
写真　高橋保世

京都芸術大学出版局　藝術学舎

瓜生山歳時記

目次

夏 41

秋

71

冬

103

卒業

Photographs

2021年度
京都芸術大学
卒業展・大学院修了展

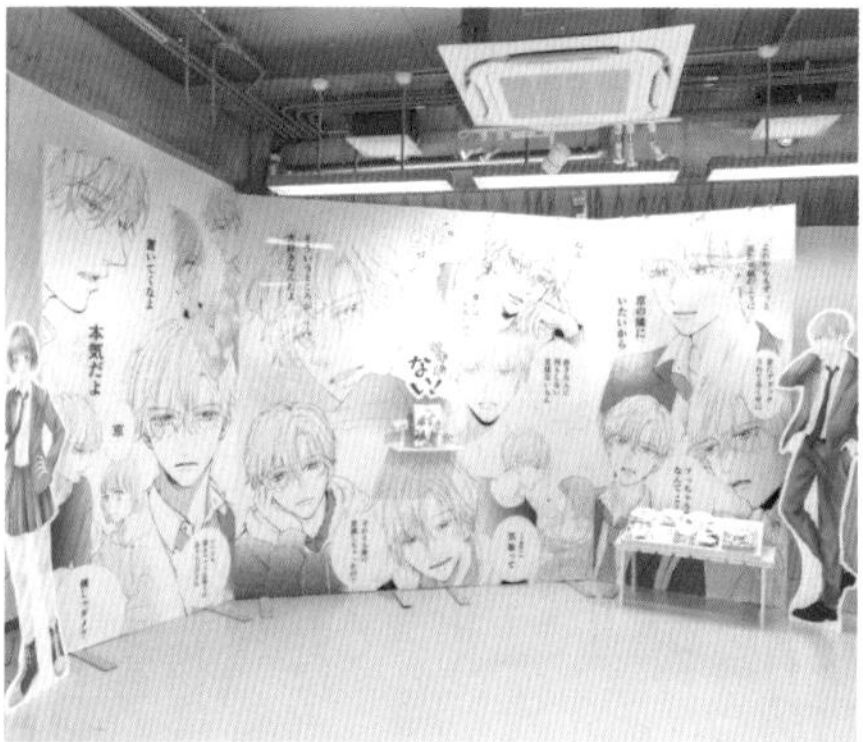

マンガ学科
PN.月凪あやせ 『類にときめくはずがない！』

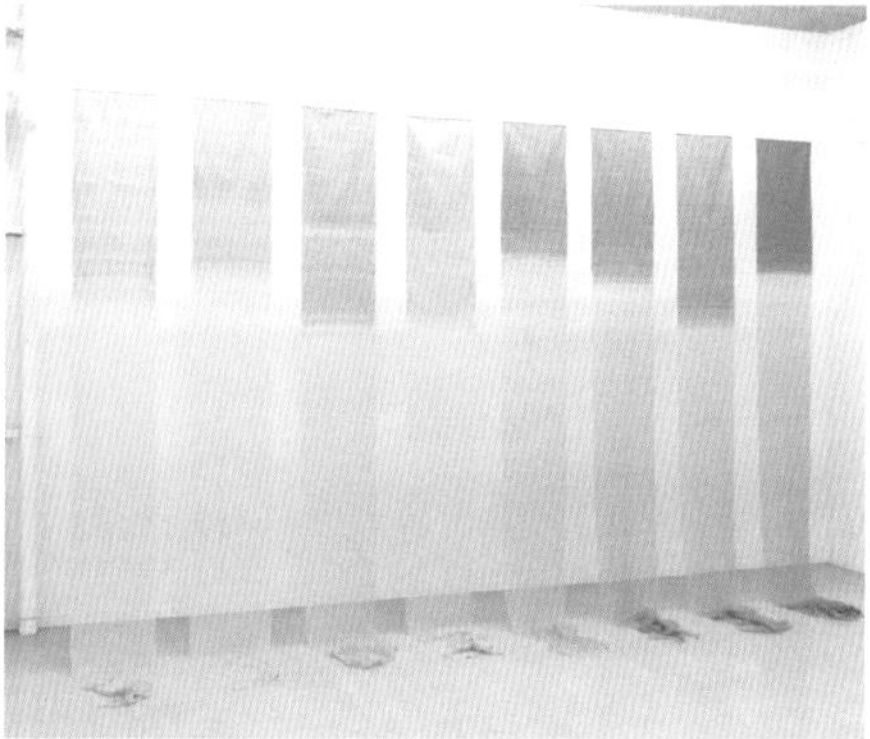

美術工芸学科
山本桜子 『たゆたう』 撮影：顧剣亨

情報デザイン学科
長澤花咲 『超・履歴書』

キャラクターデザイン学科
辻村奈菜子 『ハコニワ』

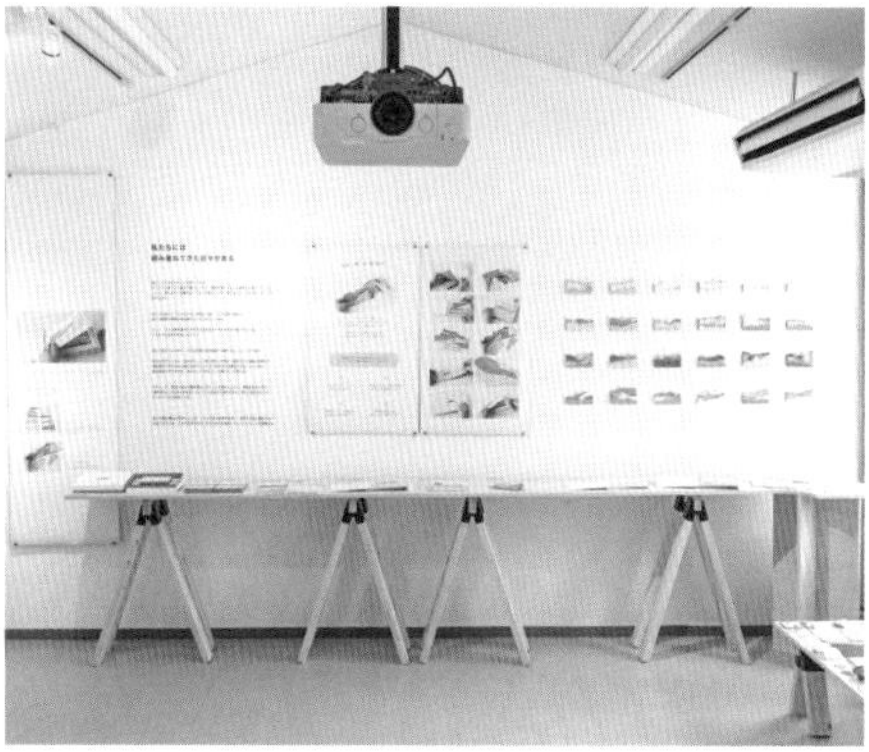

プロダクトデザイン学科
山田菜那　『「私たちには積み重ねた日々がある」ことに気づくための研究』

情報デザイン学科 クロステックデザインコース
浅田優月　『hitoma workshop』

環境デザイン学科
八木田直樹　『水と生きる街』

空間演出デザイン学科
淺野快斗　『国産材を育てる』

舞台芸術学科
江上実菜　「総合制作」
写真：『ラブの餓鬼道』美術セット

映画学科
馬場匠　『8月の子どもたち』

アートプロデュース学科
毛利風香　『裂かれた経路内奥で生じる“詩”
——詩作品《破帖》（1937年）の翻訳と読みとき——』

文芸表現学科
野々口西夏　『清めの銀橋』

歴史遺産学科
工藤日菜子　『西本願寺門前町の文化的景観研究』

こども芸術学科
杉浦日向子　『YELLOW POP』

大学院賞　美術工芸領域
長田綾美　『floating ballast』

大学院賞　芸術文化領域
都丸雅樹　『シチュアシオニスム再考 —メディアにおける階級闘争について—』　写真：論文発表会の様子

2021年度 京都芸術大学 通信教育課程 卒業・修了制作展

デザイン科

グラフィックデザインコース　塩谷杏美
『ことあわせ ——世界のことわざ絵つなぎ地図鑑』

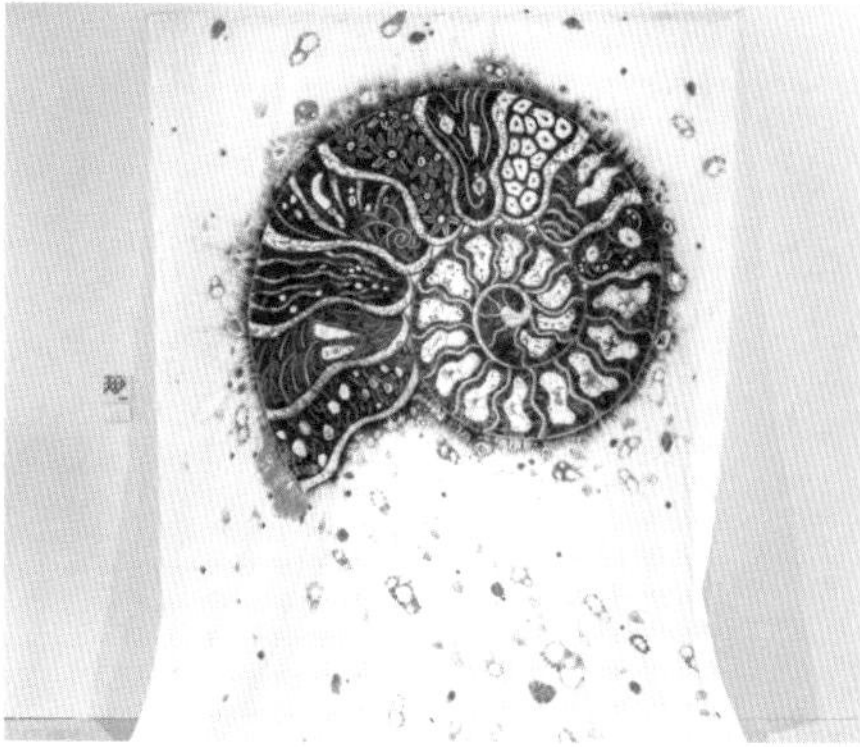

美術科

染織コース　森口美幸『地球　生命の誕生』

芸術教養学科

芸術教養学科　藤内和博『鷺宮催馬楽神楽にみる持続可能な郷土芸能伝承のあり方』webレポート

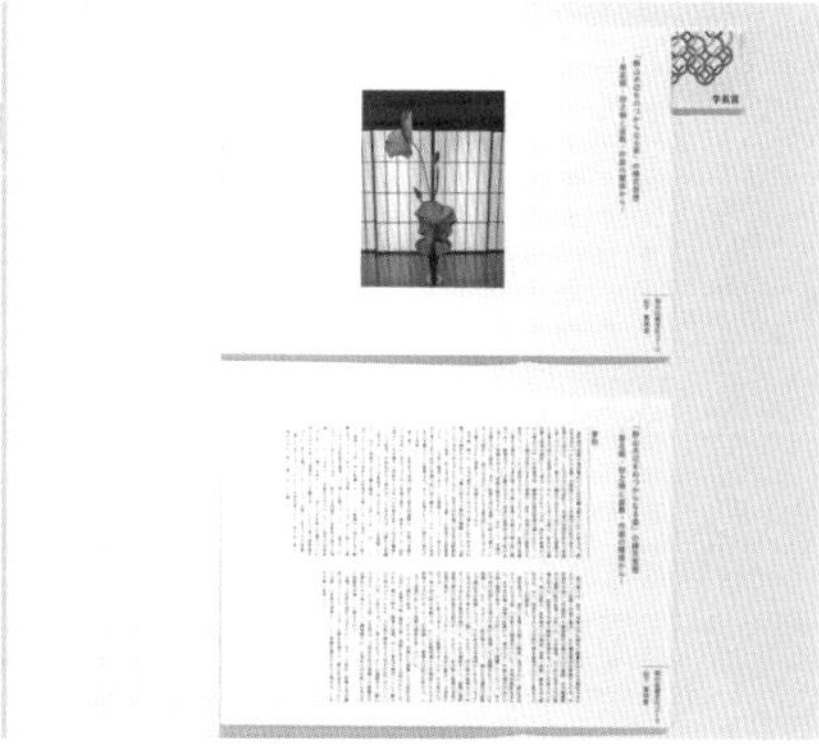

芸術学科

和の伝統文化コース　山下亜加音
『「野山水辺をのづからなる姿」の挿花思想－草花瓶・砂之物と盆栽・作庭の関係から』

序文

瓜生山学園の一年は、4月の入学式で始まり、翌年3月の卒業式で終わる。学校法人瓜生山学園は、認可保育園こども芸術大学、大学附属高等学校、京都文化日本語学校、京都芸術デザイン専門学校、そして京都芸術大学を設置している。大学には通学部と通信教育部があり、あらたに芸術を学ぶ学生にも、生涯学習歴の更新を志す社会人にも応える。それぞれに入園、入学した人たちが、必要な年限を経て卒園、卒業していく。

日本列島が1600万年前に中緯度の位置に落ち着いて、日本海には暖流が流れ込むようになった。四季折々の季節感のたいへん豊かな列島には、冬の日本海から大量の水が蒸発し、それが大陸からの風に吹き寄せられて、世界的にも珍しい豪雪地帯を生み出す。秋には台風が列島に雨風をもたらし、ときには災害を起こす。活断層運動で生まれた京都盆地には、地下水をたっぷり含む豊かな大地に、さまざまな種類の桜が咲き、秋の紅葉が美しい。

そのような列島に、平安時代から四季の概念が定着し、季語が生まれて『歳時記』にまとめられている。私が京都で地球科学を始めたころには、まだプレート運動の概念もなく、活断層と地震の関係もわかっていなかった。新しい知識がどんどん蓄積される地球科学の研究者として、また俳人として、私は日本列島の仕組みを考えながら論文を書き、エッセイを書き、俳句を詠んだ。

私は京都芸術大学学長として2013年からの8年間をつとめたが、この本はその後半に書いたエッセイを並べ替えて、入学の季節に始まって卒業の季節までの季節順に編集し、歳時記の形にしたものである。同大学の卒業生である写真家、高橋保世さんによる写真とともに四季の移り変わりを見ていただきたい。保育園から大学院まであって、それらの間を自由に行き来できる瓜生山学園の四季折々の一年間の景色を、写真と俳句とエッセイから読み取っていただけると幸いである。

京都芸術大学は2020年4月から、それまでの京都造形芸術大学の名称を現在の名称に変更した。この本ではすべて現在の名称に合わせてある。また、原文掲載当時の年月日を適宜、今の時点でわかるように書き改めてある。数年分をまとめたために記述内容の年がまちまちになっている場合もある。登場人物や行事も原文の掲載当時のものであるため適宜注記してある。ご寛容いただきたい。

尾池和夫

入学

教へ子の子の入学へ我が式辞

満開の桜とさまざまな入学式

入学の吾子人前に押し出だす　石川桂郎

教へ子の子の入学へ我が式辞　和夫

日本の入学式は4月の初めという習慣がすっかり定着している。欧米などでは秋入学の習慣が多い。日本の入学式にいつも登場するのが桜の花である。式辞を書き直すことがよくある。「満開の桜の花のもと…」、という表現を、「今年は桜も散り始めて…」と書き直したり、その逆だったり。

桜は、日本の文化や伝統の中でなじみ深い植物である。日本五大桜が、1922年10月12日に国の天然記念物に指定された。三春滝桜（福島県）、石戸蒲ザクラ（埼玉県）、山高神代桜（山梨県）、狩宿の下馬ザクラ（静岡県）、根尾谷の淡墨桜（岐阜県）の5つである。

俳句では単に「花」といえば桜をさす。秋の月、冬の雪とともに「三大季語（雪月花）」で、花吹雪、花散る、花筏、花明かり、花篝など、花の付く季語が多い。桜の花見は日本独特の文化であるが、桜の実は、サクランボ（チェリー）で、世界中で食用とされている。桜の花言葉は「精神の美」「優美な女性」、西洋では「優れた教育」というのもある。この花言葉は入学式に合うかもしれない。

桜の野生種も多いが、古来山桜が人気である。花が咲くと同時に葉が出て、少なめの花との彩りがいい。逆に八重桜もあって、こちらは華やかな好みに合う。花びらが多くても、裏を見ると萼は5枚しかないのが興味深い。染井吉野が出現して以来、花見の対象が集中する傾向があるが、京都の桜は実に多様で、2月から5月までさまざまな桜が見られる。

瓜生山学園ではさまざまな入学式が次つぎと挙行される。2019年4月1日は、認可保育園こども芸術大学の入園式である。1歳児10人、2歳児12人、3～5歳児38人の定員である。2日、京都芸術デザイン専門学校入学式、3日、京都芸術大学通学部、5日、姉妹大学の東北芸術工科大学入学式、7日、大学の通信教育部入学式、2019年に開学した附属高校入学式と続く。それらに出席し、式辞や祝辞を述べる。

2019年は3月下旬に急に暖かくなったので、枝垂桜は早くから花見客が集まっている。毎日の通勤の道を選びながら、しばらく花見の毎日である。

枝垂桜しだれざる枝なかりけり　草間時彦

紅しだれくぐりて来る京ことば　和夫

毎年、入学式には満開の桜や散り始めた桜のことを式辞で触れる。しかし、2020年は特別の桜の時期となり、感染症拡大のため入学式は通学部、通信教育部ともに5月2日に延期されて、式辞もまだ内容が定まらない。そのころには葉桜が緑豊かな瓜生山を飾っているに違いない。と、ここまで4月上旬には書いていたが、結局、入学式は中止になった。しかし、桜は確実に葉桜になっていく。

瓜生山は奥深い山である。自然、山、生物好きという方が、「瓜生山歩人」というブログで、京都周辺山歩きの情報を発信している。その中で、瓜生山の奥深さを、素晴らしい写真とともに詳しく紹介し、東の石切り場の東斜面に見える江戸彼岸のことを説明している。それを引用する。

「日本には大雑把にヤマザクラ、エドヒガン、マメザクラ、チョウジザクラなどの種類が自生しています。広く植えられているソメイヨシノや様々な八重桜などの多くは、江戸時代の昔から人の手によって100を越える多様な品種が作出、維持されてきたものです。これらをサトザクラと総称します。《中略》一方、おなじみのソメイヨシノはオオシマザクラとエドヒガンとの雑種に起源するといわれています。エドヒガンの大きな特徴は春、葉が出る前に花が咲くことです。これはソメイヨシノにも共通し、エドヒガンの性質に由来するのでしょう。対して、ヤマザクラそして多くのサトザクラは葉と花が同時に展開します」

三大桜といわれる神代桜、三春滝桜、薄墨桜はすべて江戸彼岸である。枝垂桜も江戸彼岸に由来する。瓜生山の石切り場にある江戸彼岸の巨木がその実例で、近くでは樹高が高すぎて何の木かわからないが、木に近づくと地面に多数の桜の花が落ちているという。大きな幹が3つに分かれ、胸高幹周は実測値で3メートル67センチ。樹高は目測で25メートルはあるとブログには書かれている。

江戸彼岸は京都大学北部構内にある植物園の中にも見事に咲く。昔、京都大学に居たときには咲いたころを見計らっては見に行った。

瓜生山学園に新しく3本植えられたのは、徳山豊理事長の就任記念であった。「徳ノ桜」「山ノ桜」「豊ノ桜」と名付けられた3本の枝垂桜が、みごとに花を付けて、学生たちの入学を待っている。

直心館（講堂）から見える十三重塔と枝垂桜

京都を一望できる能舞台横のテラスでも桜吹雪が美しく舞っていた

瓜生山の枝垂桜と江戸彼岸

春

みちのくの地酒辛口春の雪

春の雪と瓜生山からの風景

春の雪は、淡雪、牡丹雪とも呼ばれ、冬の雪と違って解けやすく、降るそばから消えて積もることがない。それで淡雪という。晴れやかな感じの雪であるともいえる。しかし、年によってはとんでもなく降雪量が多くて、とても淡雪とは言いがたいこともある。今年（2017年）は京都盆地の底冷が続き、積雪量が多いと感じる日が多いようだ。

気象庁地球環境・海洋部が2017年1月25日に発表した「2月から4月までの天候見通し」によると、2月は西日本日本海側では、平年と同様に曇りや雪または雨の日が多く、太平洋側

青空をしばしこぼれぬ春の雪　原　石鼎

みちのくの地酒辛口春の雪　和夫

では、平年と同様に晴れの日が多いという。京都盆地は中間にあるが一応太平洋側の情報を採用しつつ、たまに時雨が日本海側からやってくるという気候だと思っている。

何かというと気候を地球温暖化のせいだと言う人が多いが、今年のように雪が積もると、それを温暖化のせいだと言う人はいない。しかし、日本海に流れ込む対馬暖流の温度が高くなるとそれだけ蒸発量が多くなり、その水を大陸からの風が吹き寄せて日本列島に豪雪をもたらせるのだから、温暖化すると雪が増えるということもあり得る。

瓜生山学園の創設者である徳山詳直の住んでいた島根県海士町の家から見る海の風景も、丘から吉田松陰の見た萩市の海の風景も、海こそないが瓜生山から見渡す京都盆地の風景も、お互いにとてもよく似ているように思える。この景色は、もしかしたら徳山詳直にとっての原風景かもしれない。

梅の季節の瓜生山学園

瓜生山の梅の木々。もうすぐ見ごろを迎える

綺麗に咲き始める白梅

梅が香にのつと日の出る山路かな　芭蕉

梅が香に今一度とて引き返す　和夫

梅の原産地は中国で、約2000年前の中国最古の薬物学書『神農本草経』に、「梅」が記載されている。『万葉集』は日本に現存する最古の和歌集であるが、さまざまな身分の人が詠んだ歌が4500首以上ある中で、梅を詠んだ歌は萩に次いで多く、119首ある。

そのころ、「はな」といえば梅をさしていた。平安時代には「はな」と言えば桜をさすようになった。「梅」の傍題はたくさんある。「好文木」「花の兄」「春告草」などの歴史的な背景のある言葉、「野梅」「白梅」「臥竜梅」「豊後梅」「枝垂梅」という梅の種類、「盆梅」「老梅」「梅林」などの形態、「梅の里」「梅の宿」「梅月夜」「梅日和」という梅との取り合わせなど、実に多い。

梅はバラ科サクラ属の植物で、仲間に桜、桃、杏、プラム、ビワ、アーモンドなどがある。種の中に仁があり、それにはアミグダリン（青酸配糖体）が含まれている。摂取すると胃腸などでシアン化合物（青酸）となり中毒を起こして死に至る可能性がある。ただし未熟の種の場合である。完熟すると不活性化するので問題ない。青梅でも加熱すると成分が消えるから大丈夫である。梅干は完熟梅を塩で漬けるので青酸中毒の心配はない。量的にも未熟な梅を数百個食べないと致死量にはならない。毒性のことは正確に知っておくことが重要という例に紹介しておく。反面、中国では杏の種は薬効があるとして、杏仁が愛用され、杏仁豆腐が知られている。種をすり潰すので青酸が揮散するため毒性がない。

梅の木が京の都から大宰府まで一夜で飛んで行ったという「飛梅伝説」がある。菅原道真が大宰府に左遷された時、道真を慕って、梅が大宰府に飛来した。その種と伝わるのが、京都の北野天満宮のご神木「紅和魂梅」である。学問の守り神である天満宮がある京都は、城壁のない都である。活断層性盆地の120万年の歴史が変動帯の文化を育む大地を築いた。

その京都で、瓜生山学園には、2019年4月から認可保育園「こども芸術大学」が開設され、鍋島惠美園長（当時）たちが準備を進めている。また、附属高校も開設され、樋栄ひかる校長（当時）が着任し、最新の素晴らしいデザインの教室を使った授業を準備している。文字通り、1歳から96歳までの生涯学習のニーズに応える学園であるが、その瓜生山のキャンパスにも紅梅や白梅が美しい。

聖バレンタインの日 と 尹東柱詩碑への献花

献花式には学内外から多くの方が参列した

京都芸術大学芸術学部映画学科の高原校舎の前にある尹東柱の詩碑

バレンタインデー心に鍵の穴ひとつ　上田日差子

尹東柱の新しき詩碑春浅し　和夫

3世紀ごろのローマ帝国皇帝クラウディウス2世は、故郷に愛する人がいると兵士の士気が下がるというので、兵士たちの婚姻を禁止した。司祭ヴァレンティヌス（バレンタイン）は、兵士たちのために内緒で結婚式を行ったが、その噂が皇帝の怒りを買い、ついに処刑されたという。その日、2月14日が祭日となり、恋人たちの日となった。

ヨーロッパなどでは、バレンタインデーは男性も女性も、花やケーキ、カードなどさまざまな贈り物を、恋人や親しい人に贈る日である。イギリスではカードに、From Your Valentineとか、Be My Valentine.などと書く。欧米では、日本のホワイトデーに当たる習慣は存在しない。

日本ではバレンタインデーが独自の発展を遂げた。１９７０年代から、女性が男性にチョコレートを贈るという習慣が生まれた。日本のチョコレートの年間消費量の2割が、2月14日に消費される。上司や同僚、友人などに贈る「義理チョコ」の習慣は１９９０年代後半から衰退傾向にある。チョコレートのお返しにマシュマロを贈るマシュマロデーというのもあった。その後、全国飴菓子工業協同組合は１９７８年総会で、「キャンディを贈る日」ホワイトデーキャンペーンの実施を決めた。

2月16日は、韓国の詩人、ユンドンジュ（尹東柱）の命日であり、毎年、瓜生山学園では、彼が住んでいた下宿の跡にある高原校舎に建立した詩碑の前で、供養の献花式を行うのだが、２０２０年はその日が日曜日になるので、繰り上げて14日に行うことになった。

尹東柱（１９１７〜１９４５）は、１９４２年4月渡日、立教大学に留学した。その年の秋、彼は同志社大学文化学科英語英文学専攻選科に転入した。翌１９４３年7月14日、彼は下宿で下鴨警察署員に逮捕された。政治革命などを意図していないにもかかわらず、治安維持法に違反したという理由であった。朝鮮語で日記や詩を書くこと自体が、日本国家を転覆させると、意図的に有罪にされた。彼は京都地方裁判所で懲役2年の判決を受け、福岡刑務所に収監され、１９４５年2月16日、拷問、虐待の果てに衰弱、獄死した。享年27であった。

２０１７年10月28日、宇治川辺で「詩人尹東柱、記憶と和解の碑」除幕式が行われた。尹東柱生誕１００年を迎え、日本国内では3番目の詩碑である。翌年、ようやく私もその詩碑を訪れた。

春風と大階段の「風の環」

中緯度にある日本列島では、四季折々、減り張りのある変化がある。春風、東風、貝寄風、涅槃西風、春一番、風光る、春疾風など、春のさまざまな風の様子が季語によって表される。春風は暖かくなってのどかに吹く風、東風は東から吹くやや荒い早春の風、強東風というと激しい風になる。貝寄風は、旧暦2月20日前後に吹く季節風で、大阪四天王寺の聖霊会《しょうりょうえ》の舞台の花を風で吹き寄せられた貝殻で作ったことによる。涅槃西風は彼岸西風ともいい、涅槃会の前後に吹く西風、西方浄土からのお迎えの風で、この風で寒さが戻る。

瓜生山学園の59段の大階段の途中には武藤順九制作の「風の環２０１１―絆―」が設置されている。イタリアの山から切り出された大理石によるこの彫刻は、石巻市に整備される震災復興祈念公園に２０２０年設置を目指していた「風の環」の3分の1モデルである。「風の環」はすでに完成して彫刻の町ピエトラサンタのアトリエから日本に向かって船出した。*

この事業「風の環プロジェクト」を一般社団法人「風の環」が支援している。武藤順九の日本における芸術活動の拠点が京都にあり、彼の思いを大きくひろげるために「風の環3・11絆プロジェクト」実行委員会が活動した。京都市は復興支援プロジェクトを行っているが、中でも特別支援プロジェクトとして、２０１４年2月から京都マラソンを通じて、このプロジェクトの支援を全国に先がけて呼びかけた。人々の鎮魂と追悼の思いと世界から寄せられた愛を、モニュメントの設置とともに後世に伝えたいと、私も実行委員長としてこのプロジェクトを応援した。

＊「風の環２０１１―絆―（ＣＩＲＣＬＥ ＷＩＮＤ）」は２０２１年、石巻南浜津波復興祈念公園に設置された。

貝寄風や難波の蘆も葭も角　　山口青邨

春風や銀のハートの耳飾　　和夫

ものの芽にあふれる瓜生山学園の春

「暮らしの手がかり」Hattori Studio（伊山大吉・梅本華乃・酒井文子・鈴木亮佑・仲勇気・福留明莉・吉椿千紘）撮影：表恒匡

「A.O.M (art of muscle)」（豊岡拓三）撮影：表恒匡

地に出れば衆目重き物芽なる　中原道夫

蟹行やものの芽を踏む道なれば　和夫

早春に草の芽が地中から萌え出ることを表す仲春の季語が「ものの芽」で、あらゆる草の芽のことをさし、特定の草木の芽ではない。春の訪れを実感することのできる季語である。名草の芽とも草の芽とも、あるいは物芽ともいう。

「木の芽」、「草の芽」は別の季語、名の木の芽は、柳の芽、桑の芽というように具体的な木の名を冠した季語がある。また、名草の芽は、菖蒲の芽、朝顔の芽など、草の名を冠した季語がある。具体的な冠のついた芽を詠むと、その具体的な物が伝わるが、ものの芽というと、『もののけ姫』が脳裏に浮かんだりして、春の実感を感じ取れる句に仕立てるのが難しい。

植物の芽でないものを抽象して物芽に例えることもある。春は植物に限らず、森羅万象に芽吹きの気配を感じることは、四季の変化の際だつ日本列島に住んでいれば、自ずから湧き上がってくる感慨かもしれない。

卒業制作展で８００名を超える卒業生の力作を拝見したが、さらに２０１８年3月にはその中から上野の森に運ばれた作品が東京都美術館での「シュレディンガーの猫」特別展を飾った。これには２０００人を超える方々が来場して大きな反響があった。その会場では、まず「A.O.M (art of muscle)」(豊岡拓三)が来場者を出迎え、片岡真実教授のキュレーションによって24の作品が会場に展開され、出口を飾ったのは「暮らしの手がかり」Hattori Studio (伊山大吉・梅本華乃・酒井文子・鈴木亮佑・仲勇気・福留明莉・吉椿千紘)であった。

これらの卒業生がこれから社会に出て、さまざまな分野で活躍し、あるいは大学院へ進学してさらに芸術の奥を深める制作と研究に打ち込むことになる。

この瓜生山歳時記に、多くのすばらしい写真を提供してくれた高橋保世さんも晴れて卒業式を迎え、京都の地で写真家としてさらなる活躍をする。瓜生山学園を出たすべての人たちが、またいつの日か学園を訪れてくれることを願って、瓜生山学園をさらに優れた学びの場に育て上げて行きたいと、私は思っている。

通信教育部の卒業制作展と生涯学習

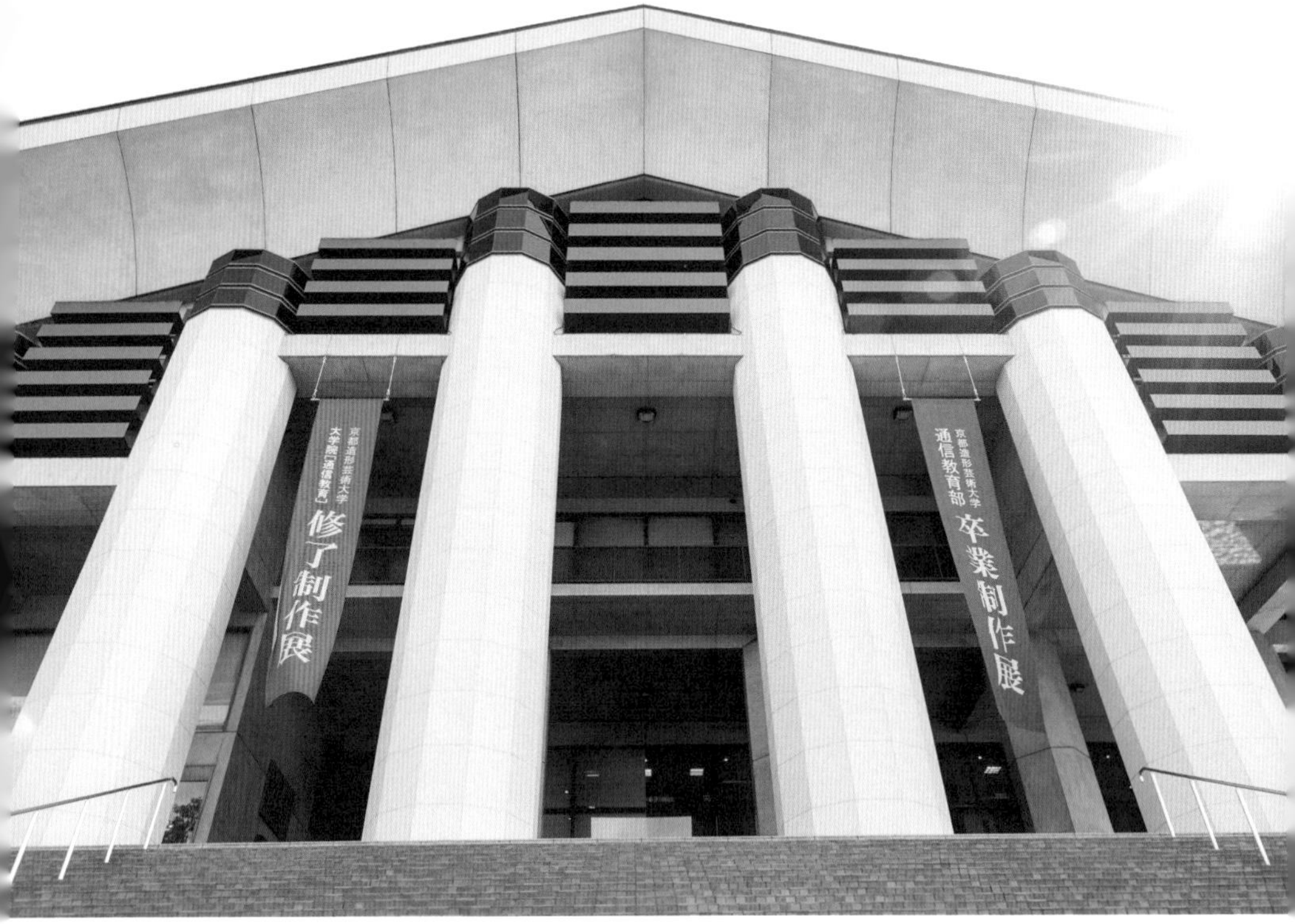

卒業の空のうつれるピアノかな　井上弘美

新人類登場漫画卒業展　和夫

「卒業」は仲春の季語であり、傍題として、卒業生、卒業式、卒業期、卒業証書、卒業歌などがあげられる。２０１８年の東京での卒業制作展のテーマは「シュレディンガーの猫」であったが、２０１９年、第2回目となる東京展のテーマは「宇宙船地球号」であった。

東京展の内覧会の挨拶の中では、音の重要性についても触れた。五感のすべてを動員する展覧会であってほしいと私は願っている。その点、色については同じ東京都美術館で開催されている「奇想の系譜展」での鮮やかな色使いが素晴らしいと思った。

21世紀の大きな特徴の一つは、生涯学習の時代という点にある。瓜生山学園は文字通り、その生涯学習のニーズに応えることのできる学園であろうとしている。２０１９年の4月には、認可保育園こども芸術大学を開設し、また通信制の高等学校を始める。文字通り1歳から96歳までが学習実績を持つ学園となる。

通信教育部での授業を私も受け持っているが、今年（２０１９年）は8月に集中講義がある。「天文学・地文学・人文学への階段」という題が付いている。天地人、つまり三才の世界のさまざまな知識を学んでいただきながら、人間とは何か、芸術とは何か、平和とは何かを一緒に考えていきたいと思っている。

通信教育部の２０１８年度卒業制作展は、２０１９年3月10日（日）から17日（日）まで行われた。

私は3月9日の午後、卒業生たちの展示の仕上げを見て回る予定であったが、3月8日の早朝、心房細動がひどくなり、息苦しくなったために、京都大学医学部附属病院の救急外来へ行き、そのまま入院することになって、3月16日の卒業式の日にようやく一部を見ることができた。

環境デザインコースの水谷奈津子さんの作品「Quattro wave ―交差点の宿場町に広がるにぎわいの波―」は、東海道五十三次の53番目の宿場町の大津市をテーマに、現代の宿場町を提案するもので、たいへんわかりやすい、にぎわいの町を見せてくれて、とくに私の印象に残る作品であった。

瓜生山の芽立ち

隠岐や今木の芽をかこむ怒濤かな　加藤楸邨

ものの芽や高みに移る鳶の笛　和夫

瓜生山の「芽」。ニガイチゴ（苦苺）

植物の季語の中で「芽」という字が入っているものをあげると、三春では、木の芽という一般的な季語、初春では、桔梗の芽、薔薇の芽、牡丹の芽、仲春にはたくさんあり、楓の芽、草の芽、山椒の芽、たらの芽、蔦の芽、芽立ち、真菰の芽、ものの芽、柳の芽、そして晩春になると「花」が多くなって「芽」のつく季語はない。この中で木の芽はすべての樹木の芽をさしており、「ものの芽」は、草の芽が地中から萌え出ることとその芽の総称である。

三春の「木の芽」は「このめ」と読む。その傍題には、芽吹く、芽組む、木の芽張る、名の木の芽、雑木の芽、木の芽山、木の芽時、木の芽冷、木の芽晴、木の芽雨、木の芽風、芽起こしと、たくさんの季語が歳時記に掲載されている。冬を抜けて春の訪れを実感する木の芽である。

また、植物以外の項目にも「芽」が登場する。例えば生活の項目では、木の芽和、木の芽味噌、木の芽漬など、とても美味しいそうな季語である。山椒の若葉をすり、砂糖、白味噌を混ぜ合わせた山椒味噌、木の芽味噌ともいうが、これで筍、蒟蒻、烏賊などを和えるのが木の芽和である。木の芽漬は、山椒の柔らかい葉を塩漬けにする。山椒の葉と昆布を刻んで醤油で煮るのもある。

植物学では、「芽」は茎の先端、幹と葉の間に発生する未発達の枝のことをさしており、形成されたのち、休眠状態に入る場合と、すぐに新しい枝を形成する場合とがあるという。温帯および冷帯において、芽は芽鱗《がりん》という葉の変形したものできつく包まれている。芽鱗はゴム状の物質で覆われて保護されている。芽が成長すると脱落して、成長する幹の表面に痕跡を残し、芽鱗痕と呼ばれている。この痕跡で枝の年齢を決定する。芽鱗痕と次の芽鱗痕の間が一年間に成長した区間である。

芽の字の声符は動物の牙（が）をとり、艸に牙で芽となる。花の蕾も一緒に芽という。芽胞というのは最初に出てくる葉や花の芽が牙の形をしていることによる。つまり、芽という字は、植物の種子、葉、花の蕾の最初の状態をさす字である。その意味を拡張して、事物のはじめの状態を萌芽という

京都樹木探検塾塾長の橋本恵さんの「瓜生山の樹木」（ＧＲＥＥＮ ＡＧＥ誌、２０１８年７月号）には、瓜生山の赤松も紹介されている。橋本さんの文にある瓜生山で観察される樹木の表では、常緑樹として瓜生山学園の赤松を含めて、馬酔木、カクレミノなど19種類が掲載され、落葉樹としては、ウツギ、エゴノキ、栗、タラノキ、辛夷、ネムノキなど56種類が掲載されている。

都をどり in 春秋座

毎年4月、京都祇園花見小路にある祇園甲部歌舞練場で、舞妓さんや芸妓さんたちが絢爛豪華な踊りの舞台を見せる。「都をどりはー」「ヨーイヤァーサー」という独特の掛け声で知られている。1872（明治5）年からの長い歴史がある。明治維新で東京へ遷都したあと京都の衰退の危機感がもとになって掲げられた政策が、京都の伝統を保ちながら近代都市を建設しようというものであった。その一つとして博覧会が企画され、余興に祇園の芸舞妓のお茶と歌舞を公開するという案が実現し、第1回「都をどり」が1872年、祇園新橋小堀の松の家で開催された。80日間、舞方32名、地方11名、囃子方10名、計53名が、7組7日交替で演じたという。

2017年の都をどりは、「都をどりin春秋座」としてポスターを飾った。今までの都をどりの開催会場である祇園新地甲部歌舞練場が、いよいよ耐震対策に着手することになり、2016年の「温習会」をもって一時休館とす

ると決定した。そのために、2017年の公演を京都芸術大学の劇場である京都芸術劇場春秋座に移したのである。春秋座の舞台は、廻り舞台や花道、すっぽんなど、歌舞伎のための設備を持っており、その設備が大胆に活用され、かなり新しい演出の都をどりとなる。

京舞井上流を創始した、長州浪人の娘、井上サトは初世井上八千代となった。近衛家に仕えてあらゆる芸能の基本を取り入れて井上流が生み出されたという。それを磨き上げて伝える現在の家元、五世井上八千代が、春秋座での都をどりに挑戦するのである。

都をどり観給ふ母を見てゐたり　大串 章

大学に都をどりの茶席かな　和夫

物種をにぎれば生命ひしめける　日野草城

卒業の祝に足りず花の種　和夫

晩春の季語に「種蒔」がある。種下し、すぢ蒔、籾蒔く、籾おろすなどの傍題があり、種蒔きに関連して、八十八夜、苗代、種選、種浸しなどの季語も日本列島の晩春の光景である。「種蒔」だけだと、日本の暮らしの中心となる稲の籾を苗代に蒔くことをいう。それを、立春から数えて88日目である八十八夜のころに行うのである。

一方、野菜や花などの種を蒔くのは、物種蒔く、花種蒔くという季語で、種蒔という季語と区別する。

毎年大きさを競うコンクールが行われるジャンボ大根は35キロもあるが、種は2ミリメートルしかない。それを蒔くと、あっという間に大きく成長して私たちに貴重な栄養を提供してくれる。その種の持つ生命力が素晴らしい。

東北芸術工科大学の紅花プロジェクトのことは、２０１７年7月の紅花摘み、２０１８年1月の寒中染めの2回について他に述べてある。今回は紅花プロジェクトの最初の工程である、紅花種蒔のことである。4月の入学式の直後から一連の工程が始まるが、その最初が種蒔きである。

もちろん種を蒔く前には畑の手入れが必要である。冬を越す準備として、堆肥と苦土石灰をほどこす。鍬はたくさんなくても、スコップなどで工夫しながら畝をつくる。種を水に浸しておく。消毒効果があり、かつ発芽がスムーズになる。

4月中頃、朝9時、毎年恒例の紅花種蒔である「播種祭」が開催される。テキスタイルコースの学生が中心となって、教養ゼミナール「紅花クラス」、こども芸術大学からも、生徒や家族が参加する。教職員、全学の学生も参加できる。畑である「染料博物館」に、長靴やつなぎなど、汚れていい服装で集合して実施する。雨の場合には、かっぱ等の準備も頼む。山形市高瀬地区の紅花農家の方々も参加する。

私は卒業生に花の種を贈ることがある。それを見事に咲かせてほしいと願い、卒業生自身も大きく成長してほしいという願いからであるが、収穫しておいた種が足りないときもある。

紅花の種蒔で始まる東北芸術工科大学の一年

播種祭の最後には蒔いた種にたっぷりの水をやる

夏

青萩や天日干しなる海士の塩

常磐木落葉を載せた大階段

いつまでも樟落葉掃く音つづく　山口青邨

実習は箒とばけつ樟落葉　和夫

「常磐木落葉」は初夏の季語である。杉落葉、樫落葉、椎落葉、樟落葉などが詠まれ、総称して夏落葉ともいう。初夏に新しい葉が出始めると、古葉がはらはらと落ちる。「若葉」も初夏の季語で、夏落葉が木の種類で詠まれるのと違って、若葉はその存在する環境を詠むことが多く、傍題には谷若葉、里若葉、山若葉、若葉風、若葉雨、若葉寒、若葉冷など、若葉が置かれる状況を示す季語がたくさんある。春に芽吹いた木々が5月ごろに新葉を拡げて若々しい緑を見せる。もちろん柿若葉、蔦若葉など、植物の種類を冠しても季語としている。

その他、初夏には新樹、青葉、新緑、万緑というような季語もあり、日本列島の初夏には、北から南まで植物の力強い姿が見られる。

樟は大学のキャンパスによく見られる。大学のシンボルになっている場合も多い。県や市のシンボルに選ばれる例もある。佐賀県の木が樟で県の花が樟の花である。佐賀県や大分県には推定樹齢3000年という樟の巨木がある。大垣市の緑のマークも樟、磐田市の木も樟で、JR磐田駅の県指定天然記念物、善導寺の大樟は、推定樹齢約700年だという。熱海市木宮木の宮神社の樟は樹齢2000年といわれており、わざわざ見に行ったことがある。

京都市内では、神宮道から円山公園へ抜ける途中に、青蓮院門跡の樹齢800年と推定される大樟がある。時計台の前にある樟がシンボルになっている京都大学では、エンブレムに樟をデザインして使用している。正門横のカフェの名も「カンフォーラ」（樟）である。

「僕たちの目の前には、59段の架け橋、ひとつ階段を上ると、未来が近づいてくる」と、入学式で唱った「59段の架け橋」の、秋元康元副学長作詞による瓜生山学園学園歌は、大階段を見上げると自然に口をついて出てくる歌詞であるが、この季節の早朝には、階段の樟落葉を丁寧に掃いている職員に朝の挨拶をする。卒業した先輩たちと新入生の登場を象徴するように、若葉の季節には大階段が新緑と落葉で覆われる。

瓜生山の蝸牛と陸の貝たち

三重エスカルゴ開発研究所の運営する「エスカルゴ牧場」にはレストランがある

伝統的なフランス料理「エスカルゴブルギニョン」に使われるソースは高瀬さんのお手製

撮影協力：高瀬俊英（三重エスカルゴ開発研究所）

いまの世にあはぬ男や蝸牛

田中裕明

葉がくれにまだ粒ほどの蝸牛

和夫

図鑑で見るとわかるように、陸の貝にはずいぶんたくさんの種類がある。貝は軟体動物の典型である。烏賊や蛸や海牛は軟体動物の仲間で、貝殻を脱ぎ捨ててしまった生き物と考えることができる。

瓜生山にもたくさんの貝類がいる。蝸牛は「マイマイ」という腹足類で、巻貝や海牛の仲間である。殻は5から6層の螺旋形で、一部の例外はあるがほとんどが右巻きである。蝸牛には目があり、長い方の触角の先端に付いている。視力はほとんどなくて、明暗を判断する程度の能力だという。他の貝類と決定的に違う特徴があり、軟体動物の多くが鰓で呼吸するのに対して、蝸牛は陸で進化したために肺で呼吸している。「でんでんむしむしかたつむり」というが、「でんでんむし」は京都地方の方言なのだと聞いた。陸貝は卵生であり、基本的に雌雄同体で、複数飼育すると卵を産んで繁殖する。雑食で野菜くずも食べる。種類によって環境に依存し、標高や岩層、湿った苔などの環境を求めるものがいる。

煙管貝は、キセルガイ科の陸産巻貝の総称で、日本に１００種以上いる。日本産の殻はすべて左巻きである。紡錘形で殻口は卵形で横向いており、煙管にそっくりである。オオギセルガイは、日本最大種で高さ４・７センチメートルに達するという。多くは褐色で殻口と殻内が白、上板、下板、下軸板などのひだがあり、口内にスプーン形の閉弁があって、体を殻内に退縮するとき蓋になる。

食用の陸貝に「エスカルゴ」がある。リンゴマイマイの仲間の陸貝である。リンゴマイマイなどは繁殖力が低く、絶滅危惧種となっている。食用カタツムリは今、ほとんどが飼料を与えて養殖したものである。野生のものを食べるときには、数日間絶食させて消化管に残っている物を排泄させる処理が重要である。

三重県松阪市の株式会社三重エスカルゴ開発研究所では、世界的にも珍しいエスカルゴの大規模な養殖を行っている。併設されているレストランでは、2時間じっくり煮込んだエスカルゴブルギニョンを、ワインで愉しむこともできる。

新緑と新樹の東山を歩く

楓

夜の新樹詩の行間をゆくごとし　鷹羽狩行

巨大クレーン雲吊り上げて冬の月　和夫

新緑、緑さす、緑夜という季語が、5月にふさわしい。初夏の若葉の鮮やかな緑である。新樹という季語もある。みずみずしい若葉に覆われた初夏の樹木のことをさしている。入学式を彩った桜もすっかり葉桜になり、東山三十六峰は新緑に覆われる。

東山三十六峰は諸説あるが、ここでは比叡山を北の端、稲荷山を南の端としたおよそ36の峯々からなる東山山系ということにしておく。江戸時代末期の「花洛名勝圖會」では、どの山を数えているかはわからないが、東山三十六峰の言葉が明記されている。

東山は花折断層、鹿ヶ谷断層、桃山断層などの活動によって隆起している。おもには堆積岩からなるが、火成活動で比叡山と大文字山の間に花崗岩が貫入して焼いたため、そこだけ硬いホルンフェルスができた。比叡山と大文字山は浸食されずに高いままで、その間の花崗岩の浸食が進んで鞍部となり、北白川扇状地を形成した。そこに近江へ越える峠道ができた。

東山の麓や山上には多くの神社、寺院があり、中には伏見稲荷大社、清水寺のように平安京よりも古い歴史を持つ社寺もある。

瓜生山学園は三十六峰の中の瓜生山の斜面に位置し、そこに1歳から96歳の生涯学習に対応する学園がある。また、花山山、あるいは華頂山、清水山の名のある山には、太陽と太陽系の惑星を観測する京都大学理学研究科の花山天文台があり、京都芸術大学の学生や教職員もよく出入りして連携している。地元では花山を「かさん」と呼び、天文台の英語名もKwasanである。

歴史ある天文台を市民にも大いに利用してもらえるようにと、花山天文台を支援する組織を作って、私が理事長をつとめていた（2021年6月まで）。花山天文台の国からの予算は切られてしまったが、高松市のクレーン会社である株式会社タダノ（代表取締役　多田野宏一氏）が、10年間で1億円を寄付してくれることになって、やっと存続できることになった。世界的に活躍する建設機械メーカーである。

ここにあげた巨大クレーンの句を、書家の杭迫柏樹さんが短冊に書き、マンガ学科（当時）の学生たちが描いた作品とともに多田野社長に差上げた。

瓜生山から見た大文字

国内の屈折望遠鏡としては3番目に大きい口径を持つ45㎝屈折望遠鏡。一般公開されている屈折望遠鏡では最大級のもの

1910年に購入された口径18㎝屈折望遠鏡。現役で活躍しているものでは日本最古の望遠鏡

花山天文台の望遠鏡

花山天文台（京都大学大学院理学研究科附属天文台）
花山天文台は1929年に設立。観測の主力が飛騨天文台（同大大学院附属天文台）に移った今もなお、研究・教育活動はもちろんのこと、アウトリーチ活動の拠点として活用されている。本学の授業でも見学に訪れることがある。京都芸術大学の学生や教員がここでさまざまな活動をしている

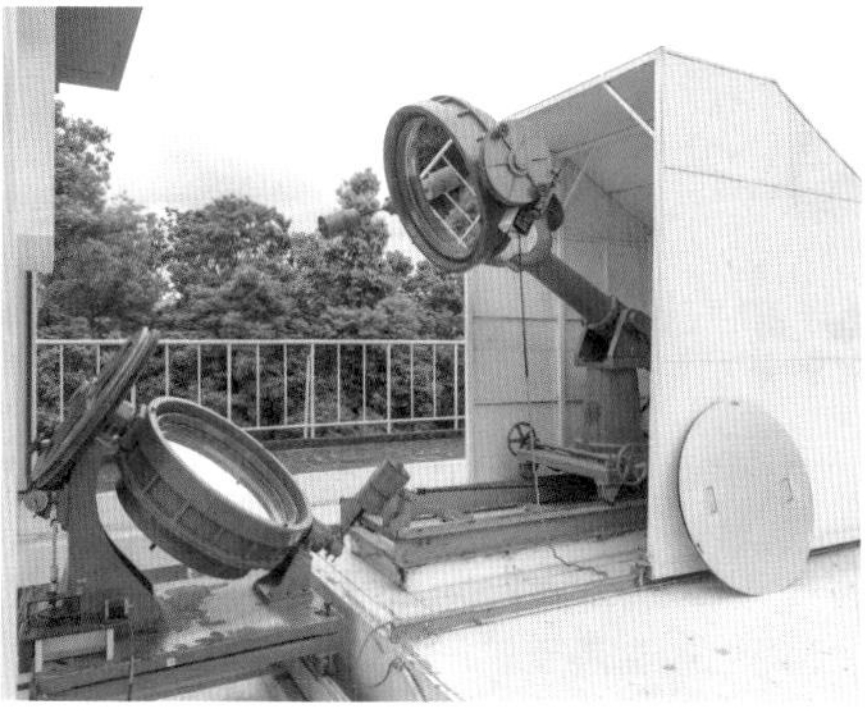

同施設内の太陽館に設置されている70㎝シーロスタット望遠鏡。同館は建物全体で「太陽分光望遠鏡」として機能し、太陽のスペクトルを取得できる。本学の人間館4階には、尾池学長（当時）が設置した太陽のスペクトル資料が掲示されている

同施設内の歴史館には、約90年前に使用されていた正確な時刻を計測する精密時計（左）や子午儀（中央）など貴重な資料が展示されている

京都の躑躅と瓜生山登山部の活動

石楠花や朝の大気は高嶺より　渡辺水巴

躑躅から線路始まる始発駅　和夫

白い躑躅

淡紅色の躑躅

「躑躅《つつじ》」は晩春の季語であり、山躑躅、蓮華躑躅、霧島、深山霧島なども詠まれる。

京都の春、あらゆる道ばたに桜の花があり、いろいろの種類の桜を楽しむ。花が散って新緑の5月になるころ、京都盆地にはさらにさまざまな花が見られる。その中に躑躅やその仲間の満天星《どうだん》、杜鵑花《さつき》、石楠花《しゃくなげ》などもある。

躑躅は、春から夏にかけて漏斗状の花を咲かせるツツジ類の総称である。日本列島の各地に自生し、花の色は真紅、白、淡紅などさまざまである。『万葉集』の時代から日本人にはなじみの深い花である。

石楠花は初夏の季語で、ツツジ科の常緑低木である。晩春から初夏にかけて、枝先に鐘の形の花が集まって咲く。日本では高山、亜高山生の種が6月から8月上旬に咲き、栽培されている西洋石楠花は町中でも見られる。こちらは中国雲南省からヒマラヤにかけての野生種を基に作り出された。

満天星の花は、満天星躑躅《どうだんつつじ》とも詠まれ、仲夏の季語である。ツツジ科の落葉低木の花で、自生するが垣根にもよく用いられる。ドウダンは燈台の転訛《てんか》で、枝の分かれ方が燈台の脚に似ている。

杜鵑花は、皐月躑躅《さつきつつじ》とも詠まれて、仲夏の季語である。

通学路の住宅地にも躑躅が咲く。茶山駅近くの居酒屋「づぼら」の女将が、新型コロナウイルス感染症の流行により、アルバイトがなくて大変な学生さんにと、無償でご飯を提供してくださっていた（2020年5月時点）。

瓜生山の近くでは曼殊院や詩仙堂の霧島躑躅が知られている。曼殊院には、狩野永徳の襖絵があり八窓軒茶室がある。詩仙堂では、門をくぐると正面の大きな霧島躑躅が迎えてくれる

瓜生山学園には特徴的な部活動もある。例えば「瓜生山養蜂部」は、京都芸術大学の学内に蜜蜂の巣箱を置いていて、FacebookやInstagramで情報を発信しながら、蜂蜜の販売も手がける。写真とともに蜜蜂の四季の姿の解説が楽しい。「芸術教養学科登山部」、通称瓜生山登山部もある。2017年からの活動で、メンバーは勝手にチームを組んでは瓜生山の山頂を目指して登山する。とくに装備を必要としない登山部で、学園内のエレベータを利用して学園の「山頂」である「能舞台」を目指す人は、ハイヒールでも登山できる。

このような活動が伸びやかに行える日が早く来てほしいと願いながら、この文を在宅の仕事で書いている。人類がまだ滅亡しないためには、新型ウイルス対策で「うつる心配より、うつさないこと」を基本に、学生、教職員が協力して、この5月を過ごしたい。

梅雨茸と瓜生山の斜面

梅雨茸といひて正体定らず　後藤比奈夫

梅雨茸の丈の限りを伸びにけり　和夫

「梅雨茸」は、「つゆだけ」とも「つゆきのこ」とも読み、「つゆきのこ」は「梅雨菌」とも書く。茸は秋の季語だが、梅雨茸は梅雨時の朽木などに生える茸の総称で夏の季語である。

茸は菌類のうちで比較的大型の子実体を形成するものをいう。また、子実体そのものをいう場合もある。植物とは明確に異なるが、茸は俗称であって明確な定義はない。比較的大型といっても基準があるわけではないので、肉眼で存在が確認できる程度の大きさのものを茸と呼ぶのだと私は解釈している。

英語では食用になるmushroomと、食用にならない、とくに毒のあるtoadstoolとを呼び分けているが、mushroomが茸全体をさす場合もある。日本には数千種類の茸があり、約3分の1の１８００種が命名されており、７００種が食用といわれる。よく知られている椎茸と松茸は、英語ではshiitake mushroomとmatsutake mushroomという。林野庁によると、日本の毒茸は２００種類ほどあるが、毎年実際に起こっている中毒事件は10種類以内のもので、ツキヨタケ、クサウラベニタケ、カキシメジの3種類がとくに多いという。

茸は「木の子」であり、植物やその遺骸を基質としている。動物の糞や死骸を基質とするものや他の茸を基質にするものもある。多くは地上に発生するが、トリュフのように地下にできるのもある。胞子を外に飛ばすためのしくみとして傘のある形態ができたのだろう。

梅雨時になると瓜生山のあちこちに茸が現れる。毎日歩く道の横に、ある日突然、大きな茸を見つけることもある。学園の斜面に沿って山頂の農場へ行く土の道が続く。そこには大学1回生が授業で隠れ家を作っていたり、こども芸術大学の年中さんたちが蚯蚓を捕まえて、土と木の葉を集めて蚯蚓の家を作っていたり、筍を発見して叫んだり、農機具小屋の中に守宮を見つけたりしている。きっと大きな梅雨茸も見つけてくれることだろうと思う。

瓜生山の夏萩と吉田松陰像

瓜生山キャンパスにもたくさんの萩が自生する

瓜生山キャンパスの「天に翔る階段」の先に建つ吉田松陰像。
「至誠にして動かざる者は未だ之あらざるなり」の碑文がある。

青萩や志士と呼ばれてみな若き　林　翔

青萩や天日干しなる海士の塩　和夫

萩は、早いものは夏に咲き始めるが、花をつけず青々と茂るものが多く、夏萩とも青萩ともいう。萩若葉という春の季語もある。春の初めに芽吹き、晩春には茂っている。

「萩」は秋の季語で萩の花をさす。秋の七草の一つで、山野に自生するが、庭にもよく植える。自生種も多く、古来秋を代表する花で、草冠に秋と書いた。秋の「萩」の季語には傍題もたくさんあり、萩の花、白萩、紅萩、小萩、山萩、野萩、こぼれ萩、乱れ萩、括り萩、萩日和などとさまざまに詠まれている。

ハギ属(Lespedeza)は、落葉低木あるいは多年草で、果実は節で種子ごとに分かれる節果であるが、種子は1個しかない。植栽される場合もあり、荒れ地でもよく育つ。裸地や法面の緑化にもよく使われている。薬草にも利用される。普通に萩というと山萩をさすが、日本に自生する萩の種類は10数種ある。秋の傍題にある白萩、丸葉萩が知られ、仙台市の宮城野にある宮城野萩が古来より有名である。猫萩、犬萩もある。

萩というキーワードから、瓜生山の中腹にある吉田松陰像が連想される。萩市は、江戸時代、毛利氏が治める長州藩の本拠地であった。日本海に面し、三方を山が囲む。司馬遼太郎が幕末を描いた『世に棲む日日』『花神』、大河ドラマ『花燃ゆ』は萩市が舞台となった。

瓜生山学園の創設者である徳山詳直は、吉田松陰の考えを深く理解し、行き詰まる西欧文明に対して、吉田松陰や岡倉天心のこころを引き継ぐ「藝術立国」を志し、東洋の思想を基盤にする教育を目指した。学園に建つ「藝術立国之碑」に基本理念がある。

萩は、吉田松陰の誕生地であり、投獄された野山獄、教えを広めた松下村塾があった地である。徳山詳直は、毎年萩を訪れて吉田松陰の墓を清めた。その墓所から見る萩の景色と、詳直の生誕地である島根県海士町の墓地からの入江の景色と、海こそないが瓜生山の松陰像の視線の先にある京都盆地の景色とが、私には同じ地形の景に見える。しかも瓜生山の大地は実に丈夫な地盤の上にあり、この地が学園のために選ばれた意味を、しみじみと考えさせられる。

梅雨の季節の瓜生山学園

6月中旬を過ぎても、まだ梅雨入りしない京都市内
(瓜生山にて2019年6月16日撮影)

漕ぎ出でて水の広さや五月晴　岩田由美

現れし竜の化石や梅雨出水　和夫

梅雨の季節には梅雨と付く季語がたくさんある。梅雨入《ついり》は、太陽の黄経が80度に達したときで、6月11日ごろである。実際は地域によって異なる。梅雨寒は季節外れの寒さ、梅雨明けは梅雨入りから30日後とされているが、地域によっては7月下旬になる。雷が鳴ると梅雨が明けるという言い伝えもある。

「梅雨」と付く季語を列挙すると、梅雨湿り、梅雨の月、梅雨の星、梅雨雲、梅雨の雷、梅雨曇り、梅雨夕焼とあり、後ろに「梅雨」と付く季語は、荒梅雨、男梅雨、長梅雨、走り梅雨、迎へ梅雨、送り梅雨、戻り梅雨、青梅雨とたくさんある。このように言葉がたくさんあるということが、この国の自然の特徴を表しているのである。

空梅雨《からつゆ》は、旱梅雨《ひでりづゆ》とも詠まれ、年によって雨がほとんど降らないことである。水不足になって、梅雨を前提とする農作に大被害をもたらすことになる。

梅雨晴あるいは、五月晴《さつきばれ》、梅雨晴間は、梅雨の最中に晴れ上がることで、五月晴という季語を西暦の5月の晴天のことと誤用しないことが大切である。

「出水」という季語も梅雨の季節で、梅雨出水、夏出水、出水川などの傍題を持っている。梅雨の、とくに末期に集中豪雨が多い。梅雨に備えてあらかじめダムを放流したりしているが、それでも足りずに河川が氾濫《はんらん》することがある。台風の季節の出水は「秋出水」という季語で詠まれる。

京都の梅雨の季節には、京都盆地特有の蒸し暑さを味わう。じっとりとまつわりつく暑さが、地下の堆積層の豊富な水の存在を思わせるのである。この湿気のおかげで、楓などの樹木にたっぷりの水が供給され、それが晩秋の冷え込みによって真っ赤な紅葉となる。それが京都盆地にもたらされる自然の恩恵の一つである。

瓜生山学園では、認定保育園こども芸術大学の園児たちも、大学附属高等学校の生徒たちも、京都文化日本語学校の外国人留学生たちも、京都芸術デザイン専門学校や京都芸術大学に通学する学生たちも、また大学通信教育部のスクーリングに全国から参加する生涯学習の学生たちも、それぞれに、蒸し暑い京都盆地の梅雨の経験を記憶する。

京都盆地の梅雨の季節は、ひときわ蒸し暑い日が続く。２０２０年は、感染症対策が重なって、余計に梅雨の季節の厳しい状況がある。

梅雨の季節には、さまざまな季語が登場する。まず、「芒種」である。二十四節気の一つで、新暦6月5日ごろにあたり、禾《のぎ》のある穀物を播く時期の意からこの季語が生まれた。田植えが始まり、天候は梅雨めいてくる。次に入梅である。梅雨入《ついり》、梅雨きざすとも詠む。太陽の黄経が80度に達したときをいい、6月11日ごろにあたるが、実際にこの日から梅雨が始まるわけではなく、各地の過去の平年値を見ても、6月初旬から中旬にかけて梅雨に入ることが多い。今年２０２０年の京都の梅雨入りは6月10日であった。

梅雨の傍題は多い。黴雨、荒梅雨、男梅雨、長梅雨、梅雨湿り、走り梅雨、迎へ梅雨、送り梅雨、戻り梅雨、青梅雨、梅雨の月、梅雨の星、梅雨雲、梅雨の雷、梅雨曇り、梅雨夕焼などがあるが、これらをそれぞれ説明してみると日本列島の特徴が理解できる。日本列島は広い。北海道では明確な梅雨がない。沖縄では早くから梅雨入りする。

梅雨の期間には「梅雨寒」などの季語がある。また梅雨の期間に晴れ間があると「梅雨晴」というが、それを「五月晴」ともいう。梅雨の最中に晴れ上がることがあるのを呼ぶのであって、入梅前の5月の好天にこの言葉を使うのは間違いである。そして、梅雨明である。平年は7月下旬までに全国で梅雨が明ける。雷鳴が轟くと梅雨が明けるともいわれている。

梅雨空の蒸し暑い京都盆地の気候と感染症対策の重なりにも負けずに、学生たちが工夫して活動している。キャンパスに登校可能な日を設定し、登校することのできる学生たちを受け入れるための安全策を、教職員が分析しながら導入している。

そのような状況の中でも、学生たちの自主的な活動がある。例えば「ぼくらのみらい」と題する素晴らしいアニメーション作品を完成した。アマビエ*に導かれ、新型コロナウイルス感染症の終息を願う内容で、Ｚｏｏｍで開催された大学主催のオンラインお茶会で連絡先を交換し、いくつかのコースの学生が参加した。

同窓会や学外からの支援も多い。例えば、映画学科の活動である映画「のさりの島」は、京都芸術大学と天草市の協力により完成し、２０２０年７月に天草での完成披露試写会が予定されていた。これも延期されたが、この映画を宣伝するための見事な案山子が天草にできている。現地の方々が公開を待ち望んでくれているのが伝わる。

野外でも、屋内でも、学生たちが安全に活動できる日が、一日でも早く来てほしいと願っている。

*アマビエ
日本の疫病封じの妖怪で、海中から光を輝かせながら予言する。江戸時代の木版画にあり、京都大学が所有している。

梅雨の季節の京都盆地と学生たちの活動

大津絵の墨色にじむ梅雨入りかな　宇多喜代子

魔除獅子梅雨の礎を遠目して　和夫

「高原校舎」の野外手洗い場

紅花の咲く東北芸術工科大学

7月7日、東北芸術工科大学の紅花畑では「紅花収穫祭」が開催された

収穫された紅花はその日のうちに臼ときねでつかれ、一晩寝かせた後に「紅餅」へ姿を変える

みちのくに来てゐる証紅の花
紅花を摘む早晨の笑顔かな

和夫

森田 峠

紅花は、紅藍花ともまた紅粉花とも書き、末摘花《すゑつむはな》という雅称でも呼ばれる。キク科の一年草または越年草で、6月の終わりごろから7月の初めに紅黄色の頭状花を開く。朝露の乾かない間に花を摘んで紅の原料とする。食用油の原料としても知られている。エジプト原産といわれており、古くから世界各地で栽培されている。纒向《まきむく》遺跡で、弥生時代後期〜古墳時代初めの溝跡から採取した土に、紅花の花粉が大量に含まれていたことから、日本には3世紀には渡来していたと考えられる。

紅花は今、山形県の県花で、河北町には紅花資料館がある。

山形市にある東北芸術工科大学と京都芸術大学とは姉妹校で、同じ黒御影石の「藝術立国之碑」が建学の理念を伝える。この大学の美術科テキスタイルコースでは、毎年4月中旬に紅花の種蒔を大学の畑で行う。「すじまき」で種を蒔き、5月下旬から6月頭に「おるぬき」と呼ばれる「間引き」をして花が咲きやすくする。間引いた葉を、天ぷら、お浸し、漬物などにしてパーティーを開催する。七夕のころ、朝から最初の収穫祭で花を摘む。

山形の紅花が昔から京都の紅の原料に使われてきたのだから、紅花は両大学の連携のシンボルのような花である。花びらに1パーセント含まれる色素で紅が作られる。江戸時代には「紅一匁金一匁」と言われたほど高価なものであり、紅花を摘む農家の娘たちとは無縁であった。摘み取った花弁を発酵させ、紅餅と呼ばれる「染料」として保存、寒い季節になってから紅餅を染液にして「寒中染」することで鮮やかな紅が得られる。古くは中国晋代の『博物誌』に見られる伝統的な技法である。

東北芸術工科大学の水上能楽堂「伝統館」において、2017年7月15日、詩劇『花はくれない』の公演があった。この詩劇の企画と監修は、紅花の伝統を伝える東北芸術工科大学美術科テキスタイルコースの辻けい元教授である。

祇園会の水美しく鯉を飼ふ
鉾粽売る子左手に握り飯　和夫

茨木和生

　祇園御霊会の起源は８６９（貞観11）年である。国の数66本の鉾を立て、6月14日に御霊会を修した。これが今の還幸祭の起源である。神幸祭と還幸祭の神輿渡御が祇園祭の山場となる。祇園御霊会の初見は『祇園本縁雑実記』に「貞観十一年天下大疫の時、寶祚隆栄、人民安全、疫病消除鎮護の為、卜部日良麿、勅を奉じて六月七日、六十六本の矛、長二丈許りを建て、同十四日、率洛中の男児及び郊外百姓を率いて、神輿を神泉苑に送り、以て祭る、是れ祇園御霊会を号す、爾来毎歳六月七日十四日、恒例と為す」とあり、『三代実録』（巻七清和天皇貞観五年五月二十日条）に、「廿日壬午。神泉苑に於いて御霊会を修す」とある。

　同じ年の直前に、東北地方に巨大地震があり、多賀城下に大津波による大きな被害が出た。祇園祭と貞観の大津波との時間的な関係から、私は両者に深い関連があったという考察をしたことがある。当時、京、多賀城、大宰府だけが大都市であった。多賀城の被害は京に緊密な関係があり、早馬で災害を知った朝廷は御霊会の勅令を発することになったと考えた。

　今、祇園祭は暑い最中の宵山に人が集まる。京都市では２０１８年度も「祇園祭ごみゼロ大作戦」を実施している。京都の大学生たちも多数、ボランティアで参加している。また、さまざまな展覧会などが鉾の街で展開される。２０１８年には、第7回祇園祭によせて、扇子展が「Art Space-MEISEI」で、第10回祇園祭展が「染・清流館」で、祇園祭扇子・うちわ展が、四条室町角鶏鉾町の「ちいさいおうち」で、などなど。美術工芸学科や空間演出デザイン学科の学生たちが、京都マルイ店頭で展示販売会を行い、風呂敷で知られる宮井株式会社の活動に参加する学生もいる。宮井株式会社のある鯉山町では、左甚五郎作の大きな鯉の彫刻が展示される。

　祇園祭に直接の関係はないが、本学から最近巨大なごみのオブジェが搬出され、東京の大井町にできている劇団四季の新しい東京キャッツシアターに届けられた。この劇団四季キャッツプロジェクトの写真は本学のウェブサイトに出ている。学生たちの力作のごみは、今、東京で保管されており、8月上旬には学生たちが東京へ出かけて劇場に運び込む作業を行う。

　（大井町での公演は２０１９年6月20日に終了した。）

宮井株式会社では学生がデザインを手がける風呂敷が商品化されている

祇園会のごみ減量作戦

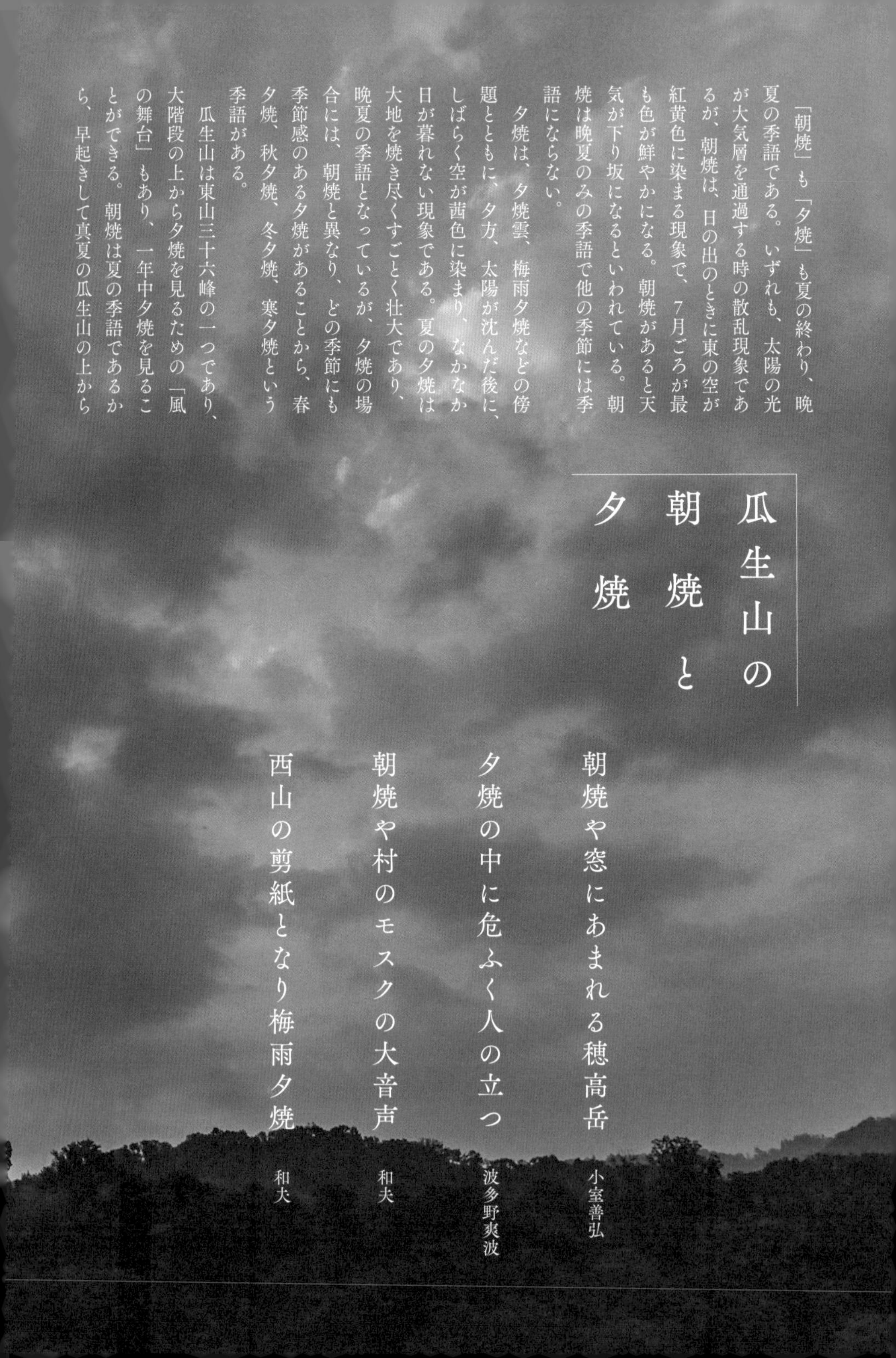

瓜生山の朝焼と夕焼

「朝焼」も「夕焼」も夏の終わり、晩夏の季語である。いずれも、太陽の光が大気層を通過する時の散乱現象であるが、朝焼は、日の出のときに東の空が紅黄色に染まる現象で、7月ごろが最も色が鮮やかになる。朝焼があると天気が下り坂になるといわれている。朝焼は晩夏のみの季語で他の季節には季語にならない。

夕焼は、夕焼雲、梅雨夕焼などの傍題とともに、夕方、太陽が沈んだ後に、しばらく空が茜色に染まり、なかなか日が暮れない現象である。夏の夕焼は大地を焼き尽くすごとく壮大であり、晩夏の季語となっているが、夕焼の場合には、朝焼と異なり、どの季節にも季節感のある夕焼があることから、春夕焼、秋夕焼、冬夕焼、寒夕焼という季語がある。

瓜生山は東山三十六峰の一つであり、大階段の上から夕焼を見るための「風の舞台」もあり、一年中夕焼を見ることができる。朝焼は夏の季語であるから、早起きして真夏の瓜生山の上から

朝焼や窓にあまれる穂高岳　小室善弘

夕焼の中に危ふく人の立つ　波多野爽波

朝焼や村のモスクの大音声　和夫

西山の剪紙となり梅雨夕焼　和夫

見る。大文字の大の字がすぐ目の前にある。

京都市での日の出時刻は、２０１９年7月1日には4時46分、7月25日になっても、5時1分で、とても早かった。日の出の方位は、7月1日では60・6度、7月25日では64・9度であった。瓜生山からは大文字の方向に近い。日の入り時刻と方位は、7月1日で、19時15分、２９９・3度、7月25日には19時6分、２９４・9度であった。愛宕山の南寄りに沈む。

国立天文台から発表されるこのような日の出時刻は、太陽の上辺が地平線に一致する時刻であるから東山の上に出るのはもっと遅い。方位は北を0度として東回りに測った角度である。夏には地球の北極側が太陽の方を向くので、同じ経度での日の出は、北東へ行くほど早く、日の入りは北西へ行くほど遅い。したがって、例えば札幌は京都よりずっと東にあるが、夏の日の入りは京都と同じような時刻になる。

京都盆地と瓜生山学園の取り組み

入構前に非接触型赤外線体温計等にて検温。各建物の入り口や各フロアには、手指用の消毒液等を設置

涼しさや鐘をはなるゝかねの声　蕪村

八の間に涼風とどく登り窯　和夫

　季語が生まれたのは京都であるから、真夏の蒸し暑さを表現する季語が豊富にそろっている。歳時記を開くと、「暑し」という季語から始まり、「大暑」「薄暑」「極暑」「炎暑」「溽暑」と続き、「灼く」という季語があって、その次に「涼し」とある。真夏に涼しさを感じるというのが、日本の文化である。

　新型コロナウイルスによる感染症の影響は、学園の活動にも大きな影響を与えている。とくに京都盆地の夏の気候は高温多湿で、エアコンがないと学生の活動に支障がある。しかし、感染症対策としては部屋の窓を開けての通気を必要とする。しかも、人が集まるところではマスクをするようにという指導がある。

　これに関連して、学園内ではさまざまな安全のための準備がなされている。その一部を紹介すると、エタノールを入り口などに用意して手を消毒してもらい、緩衝法によって生産された次亜塩素酸水による消毒対策を行う。メーカーのしっかりしたデータを基に選択した方法である。

　屋外では、適度な距離が保たれる場合には、マスクを外すように国が指導している。それを理解して、お互いにそのことを認め合うよう、教職員、学生にお願いしながら学園内の活動を少しずつ可能とする登校可能日を設定する。卒業制作に励む大学4年生や大学院生のために必要な対策である。

　「涼し」という季語の傍題には、朝涼《あさすず》、夕涼、晩涼《ばんりょう》、夜涼、涼風《りょうふう》、涼風《すずかぜ》とあり、夏の暑さの中にあってこそ感じられる涼気をいう季語である。朝夕の涼しさ、水辺の涼しさなど、俳句では暑さの中のかすかな涼しさを捉えて夏を表現する。本格的に秋の涼しさを感じる立秋以後には、まず、新涼という季語が登場する。

　2020年はいつもとは異なる世界の状況の中で、瓜生山学園でも夏休み期間にさまざまな活動がある可能性がある。通信教育部では昨年度の卒業式を中止ではなくて延期した。それを8月に行うことになった。同時に、卒業制作展も開催する。

　ようやくキャンパス内での大学の活動が少しずつ形を変えて始まろうとしている。皆さんもくれぐれも健康に留意して、夏を乗り切ってほしい。

広島忌振るべき塩を探しをり　櫂 未知子

首上げて水光天に長崎忌　五島 高資

「原爆忌」の傍題に、原爆の日、広島忌、長崎忌がある。１９４５年８月６日、世界で初めて市街地の市民に向けて原子爆弾が投下された。最初の４か月間で13万人以上の人命が失われたといわれる。さらに8月9日、長崎の市街地の市民に向けて原子爆弾が投下され、６～７万人の人命が失われた。これら両日を原爆忌という。立秋が８月７日ごろだから、広島忌は夏の季語、長崎忌は秋の季語として詠む。広島忌には、広島市の平和記念公園で平和祈念式典が行われ、長崎忌には、長崎市を中心に全国的に平和祈願、核廃絶の呼びかけが行われる。

　原爆投下後72年の２０１７年８月６日、平和祈念式典で松井一實広島市長が、７月に国連で採択された核兵器禁止条約に触れ、各国政府は「核兵器のない世界」に向けた取り組みをさらに前進させなければと述べた。日本はこの条約に不参加で、安倍首相（当時）はこの日、この条約には触れなかった。

　東北芸術工科大学では、建学の理念である「藝術立国」を柱として、芸術と平和、生命の尊さを学びつつ、人間としていかに生きるべきかを自ら考えるという「芸術平和学」が開講されている。この講義を創設した当時の宮島達男副学長は、大勢の人たちが芸術を学んだという誇りを胸に、地域社会のなかで文化と芸術が持つエッセンスを輝かせながら生きていくことができたら、平和で豊かな社会が生まれるだろうと言う。価値観も思想も違う人同士が、町内の盆踊で提灯の灯に集まってきて、一緒になって自然に踊りだすというのが文化と芸術の力であり、それが平和を生み出す原動力になり得ると彼は言う。

　同じ建学の理念を持つ京都芸術大学文明哲学研究所の田中勝准教授（当時）は、東北芸術工科大学での経験を活かしながら、文明哲学研究所（京都芸術大学と東北芸術工科大学の共同研究機関）でも「芸術平和学」を展開しようとしている。彼は広島の被爆二世で、１９７３年に設立された日本平和学会の「平和と芸術分科会」の責任者である。平和の価値の創造のために芸術が果たす可能性は計り知れないと彼は言う。

草も木も空も大地も原爆忌　和夫

広島の原爆ドーム。1996年12月、「人類史上初めて使用された核兵器の惨禍を如実に伝え、時代を超えて核兵器の廃絶と世界の恒久平和の大切さを訴え続ける人類共通の平和記念碑」としてユネスコの世界遺産一覧表に登録された。

撮影：田中勝

広島の原爆爆心地より1.8kmの千田町で被爆したピアノ『ミサコの被爆ピアノ』松谷みよ子（講談社）『ヒロシマのピアノ』指田和子　文/坪谷令子　絵（文研出版）のモデル

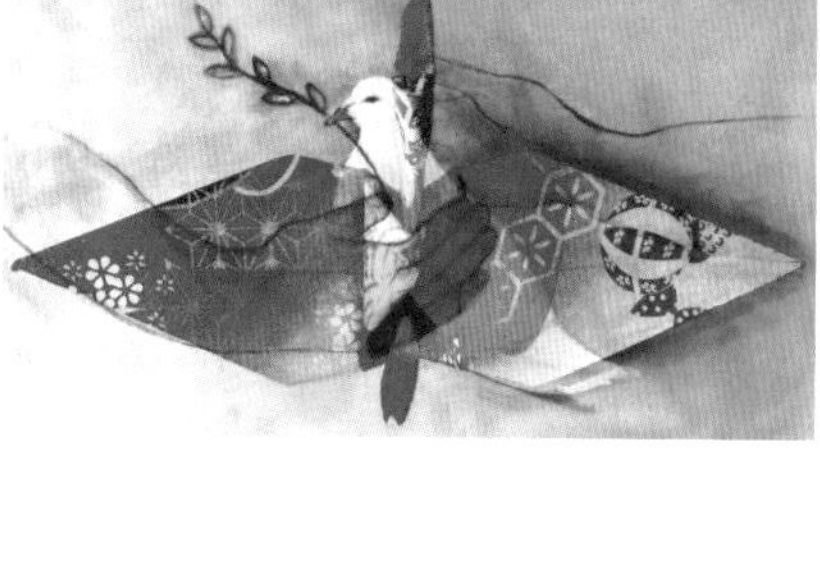

原爆忌と芸術平和学

秋

大文字朱杯にうつし飲みほせり

燃えさかり筆太となる大文字　山口誓子

大文字朱杯にうつし飲みほせり　和夫

京都市の東山にある如意ケ岳の山腹に、8月16日に焚かれる送り火が「大文字」で、松の割木を井桁に組んで大の字を作り、20時に一斉に点火され、忽然と大の字が浮かぶ。大文字の形になったのは寛永年間だという。如意ケ岳の「大文字」に続いて松ケ崎の「妙法」、西賀茂の「船形」、衣笠大北山の「左大文字」、奥嵯峨の「鳥居形」が次つぎと点火される。これらが五山の送り火である。

東山は数億年前には海底にあって堆積した地層が隆起した山である。かつてマグマが貫入して両側の岩盤を焼いた。そこだけが硬くなって浸食されにくく、高いまま残っている。それが比叡山と大文字のある如意ケ岳である。貫入した部分は花崗岩となって浸食が進み、低くなって峠ができた。その麓に北白川扇状地が発達した。扇状地の尾根から峠を越えて、都から近江へ向かう志賀越道ができた。志賀越道が今出川通りを横切るあたりに花折断層が通っている。そこには子安観世音が祀られている。その道を歩いて白川女が花を運んだ。かつては志賀越道の街筋に農家が並び、農家と北白川山の間の丘陵地帯に花畑が広がっていた。

第四紀後期の活断層運動で隆起と沈降が起こって、浸食による土砂が沈降した京都盆地の堆積層を厚く発達させた。盆地には豊かな地下水が蓄えられ、都が生まれ、都市が発達した。

京都芸術大学では、瓜生山の能舞台近くから大文字を間近に見ることができて壮観である。その日、大学では近隣の有縁無縁の霊を送る法要が執り行われる。

京都地名研究会編集『京都の地名　検証　風土・歴史・文化をよむ』（２００５年、勉誠出版株式会社）の吉田金彦による「はしがき」によると、北白川の地名は、縄文早期の竪穴住居址が発見されて白川に縄文人が住んでいたことがわかったので、「白」は縄文語の中にあるSirという縄張りを表し、瓜生山はUrという丘を意味しているのではないかという。

大文字法要で送られる無縁の霊にはこの地域に住んでいた先史時代の人たちも含まれるのかもしれない。

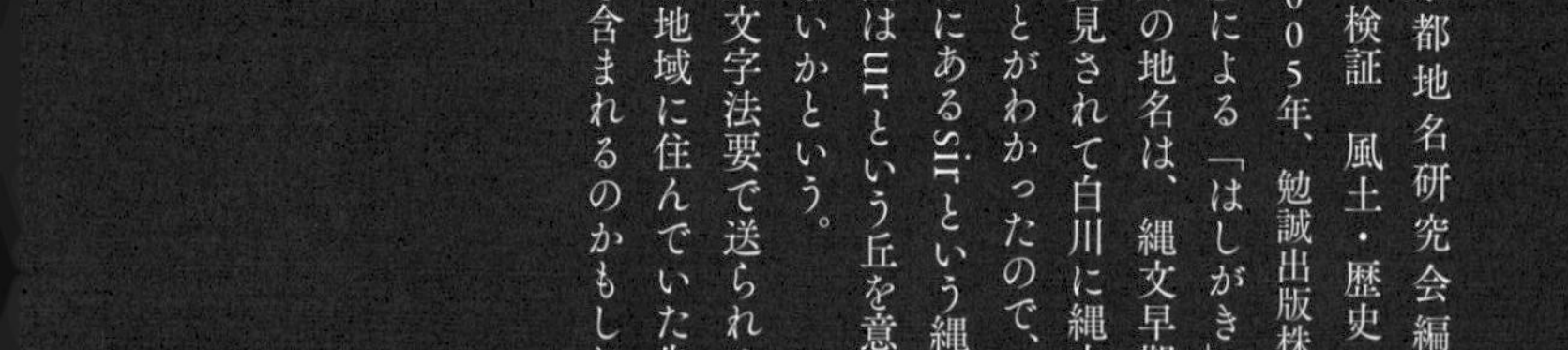

送り火と大文字の法要

「リカミック」：音楽に合わせて体を動かす体操「リトミック」と伊原六花さんの名前を掛け合わせた造語で、学生が企画案とともに考案した

新しい盆踊りイベントを大丸京都店と

いくたびも月にのけぞる踊かな　加藤三七子

風の盆一差し舞うて逢ひに行く　和夫

踊《をどり》という季語は、盆踊を意味している。踊子、踊笠、踊太鼓、踊唄、踊櫓《をどりやぐら》などの傍題でも詠まれる。盆踊は、盆とその前後に、広場や社寺の境内や砂浜などで行われ、先祖の供養のための踊であったものが娯楽になり、浴衣の男女が夜の更けるのを忘れて踊る。町の中を歌い踊りながら練り歩くのもあるが、一般には輪踊である。

中でも「風の盆」は、越中八尾（現富山県富山市）で9月1日から3日まで行われる盆の行事で、二百十日の風よけの風祭と盂蘭盆の納めの行事とが習合したものである。「越中おわら節」を歌いながら踊り明かす。三味線、胡弓、笛太鼓の囃子に乗って辻々を流す踊にしみじみとした情緒がある。

2019年、京都芸術大学の学生と女優の伊原六花さんが企画した、新しい盆踊りイベントが2019年8月10日(土)19時から大丸京都店で実施された。京都芸術大学と大丸京都店との産学公連携授業の一環である。2018年9月より、情報デザイン学科の福井崇人客員教授の指導のもとで、同学科で「京都らしい健康促進イベント」の企画・プロデュースの授業に取り組んだ。超高齢社会を迎えた日本が抱える「いかに健康寿命を延ばしていくのか」という課題を、イベントの企画の立案を通して解決しようとするものである。

健康面の監修で協力いただくのは東北大学の瀧靖之教授の「親子三世代で取り組める運動は、認知症予防になる」というアドバイスである。学生たちはグループに分かれて、みんなで楽しく継続的に取り組める健康促進企画の立案に挑戦した。

スペシャルパートナーとして女優の伊原六花さんにも参加していただき、バブリーダンスで知られる大阪府立登美丘高校ダンス部出身の伊原さんが得意とする「ダンス」の可能性に着目した企画でもある。1月の授業で、大丸京都店と伊原六花さんに企画内容を学生から提案し、審査の結果、実施が決定したのが盆踊りイベント「リカミック」である。大きく手を広げたり背筋を伸ばしたりする盆踊りで京都タワーや大文字山などの要素が組み合わされている。

COVID-19と大文字の法要

２０１８年には、「瓜生山の能舞台近くから大文字を間近に見ることができて壮観であった。その日、大学では近隣の有縁無縁の霊を送る法要が執り行われる」と書いた。それが、２０２０年はまったく異なる状況となっている。２年前と大きく変化したのは、第一に大学の名称で、２０２０年４月から「京都芸術大学」になった。墨書するときには「京都藝術大學」である。次に大文字の日の計画である。有縁無縁の霊を送る法要は同じように、ただし参列者を絞って行われた。そして能舞台近くから祈ることは中止した。

人は五感を研ぎ澄ませて生きている。今、遠隔システムで授業が行われているが、芸術の学習には遠隔講義による「見る」と「聞く」だけでは伝わらないことも多い。見ると聞くの二感による情報よりもはるかに重要な情報が、他の三感によって得られる。「味わう」「嗅ぐ」「触れる」ことによって自然についての理解を深め、脳に蓄積された知恵を総合して、それをもとに第六感

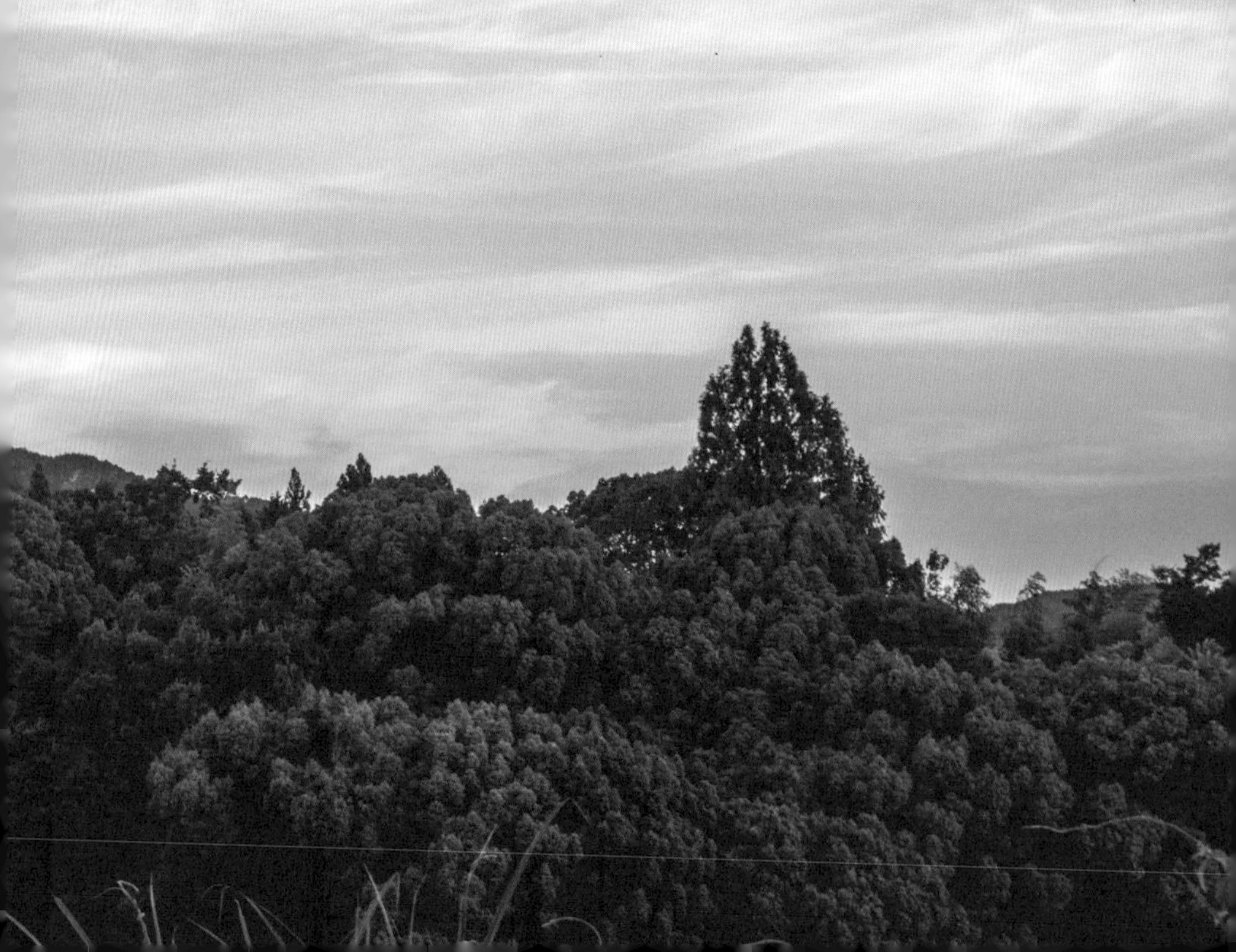

を働かせることが、創造するために重要である。もちろん言葉で情報の一部を伝えることはできるが、例えば、人類は言語以前に音楽という共通言語を持っているように、言葉だけでは伝わらない情報も多い。

　学生が安全な環境のもとで五感による学習ができるように、さらに安全な環境のもとで実習し、作品の制作ができるように、今、キャンパスには、さまざまな工夫が実行されている。味わうことに関して、食堂では人間館1階のカフェでも、昼食にカレーを提供できるようになっている。秋には何とか食堂を再開したいと準備している。白川通に面しているカフェヴェルディでは、持ち帰りのメニューも用意している。朝出勤するとコーヒーを焙煎する薫りもある。人と人との接触はないようにしているが、その他の触れる場所には、次亜塩素酸水で消毒できるように、要所に器具を設置してある。8月には通信教育部の、例えば博物館学芸員の資格を得るために欠かせない対面授業での実習も、工夫に工夫を重ねて実施した。

　人類の大きな特徴の一つに、食物を再配分して移動させ、調理して一緒に食事を楽しむということがある。同じものを味わいながら触れ合うことによって、相互の信頼関係を築くというような状況が今はない。また、繁殖を目的として群れを作るだけではなく、知の蓄積をもとにチームワークで映画や演劇を生み出すというような人類の特徴もある。そのようなことが可能な状況が、早く戻ってくることを願って、2020年も大文字の法要が静かに行われた。

京はいま息詰めてをり大文字　森 澄雄

手を合はせ無口なる婆大文字　和夫

二百十日と防災訓練

二百十日は雑節の一つで、二十四節気の第1である立春の日から210日目、2016年の場合は8月31日(水)であった。年によって変動し、9月1日か8月31日が多い。この時期、稲が開花し、結実する時で、台風が襲来して農作物に被害があり、立春から220日目の二百二十日とともに厄日といわれる。農作物を守るため各地で風鎮めの儀式や風祭りが行われる。海でも、二百十日は伊勢の船乗りたちの経験で凶日とされてきた。八十八夜なとどともに雑節として暦に記載されたのは江戸時代である。

一方、9月1日は1923年9月1日に発生した関東大震災の記念日であり、二百十日と併せて災害についての認識と心構えを喚起する日として、1960年、防災の日に制定された。この日を含む防災週間も設定されており、防災訓練が各地で行われる。

瓜生山学園でも、2016年8月26日(金)10時から、左京消防署の指導を受けつつ防災訓練を実施した。出火の連絡が本部に届いたが、消火栓の前に物があって初期消火に失敗という連絡があり避難することにした。消火器の扱い方を実習した後、専門家の厳しい指摘を受けた。それを真摯に受け止め、ただちにさまざまの改善が行われた。

旅先では非常口や消火器の位置を確認したりするが、勤務先のことは意外に知らない。訓練をきっかけに消火栓などに目が向くようになる。ビーナス像の横に消火栓と消火器があり、いかにも芸術大学らしいという発見もあった。訓練を繰り返し、防災用品を備え、学生たちの安全を最優先にして、学園の努力が続けられている。

火の国の厄日過ぎたる陸稲《をかぼ》の香　大島民郎

微睡みて二百二十日の昼を過ぐ　和夫

秋の灯と「日輪の翼」京都公演

秋の灯のほつりほつりと京の端　日野草城

洛中の座標系なり秋ともし　和夫

「秋の灯」は三秋の季語で、秋灯《しうとう》、秋ともしの傍題がある。秋の日暮から家々にともる灯の、どことなく懐かしい静かな様子は帰宅の足を急がせ、一方、秋の夜を明るく照らし出す灯は、思索の世界へ、あるいは芸術活動へと人のこころを誘う。夏の高気圧は太平洋から来るので空中の水分が多いが、それと異なり秋は、大陸からの高気圧が移動して来て、空気中の水蒸気の量が少ない。それで空の透明度が高くなり、同じように晴れた空であっても秋は景色がきれいに見える。空のかすんでいる京都盆地でも、秋には星がたくさん見える夜がある。

　秋の灯は人工の明かりのことで、月の明かりなどのような自然光にはいわない。『花物語』に始まる半世紀の文学活動で知られる吉屋信子の「秋灯《あきともし》机の上の幾山河」の自筆の句碑が、母校である栃木県立栃木女子高等学校の前庭にある。長い文学活動の象徴として秋灯の季語が詠まれている。夏の夕方は自然光で原稿が書けるが、秋になると夕方から灯をともして執筆したのである。

　やなぎみわ（京都芸術大学美術工芸学科教授）が演出と美術を手掛ける野外劇、「日輪の翼」京都公演が、2017年9月14日（木）から17日（日）まで、京都市の河原町十条、タイムズ鴨川西ランプ特設会場（野外）で、毎日18時から行われた。

　やなぎみわは、かつて台湾で出会ったステージトレーラーの魅力を、自らデザインした大きなトレーラーに活かして日本列島に持ち込んだ。2014年ヨコハマトリエンナーレ以来、中上健次の傑作『日輪の翼』の野外公演を各地で実施してきた。それがいよいよ京都に来た。俳優、タップダンサー、サーカスパフォーマー、ポールダンサーたちが、巻上公一によるオリジナル曲でギタリストや新内、多彩な出演者たちが、秋の灯に照らし出された京都の街に独創の世界を出現させる。この公演は、東アジア文化都市2017京都「アジア回廊　現代美術展」の出展作品と位置づけられている。韓国からの演奏家たちも参加し、中上健次が愛したという朝鮮半島のナムサダンのリズムを響かせる。

十五夜の雲のあそびてかぎりなし　後藤夜半

寂として五畿七道の無月かな　和夫

京都の月見の名所は桂である。東山に昇る月を西山の麓から見る。桂離宮には月見台があり、中秋の名月が正面から昇る。屋根のない設定で頭上に月が来るまで眺める。無月だったり雨月のときには室内で月見をする月波楼という茶室がある。

「月見」という秋の季語には、観月、月祭、月の宴、月見酒、月見団子、月見豆、月見舟など多くの傍題があり、旧暦8月15日と9月13日の月を眺めて賞することをいう。芒・団子・里芋・豆・柿・栗などを供えて酒を愉しみ、歌会や句会を開く。

「名月」という季語にも、望月、満月、今日の月、月今宵、三五の月、十五夜、芋名月と傍題があり、一年中でこの月が最も澄んで美しいとされ、月は秋の季語となっている。他の季節の月は、春の月、夏の月、冬の月という季語で詠む。新芋などの初物を供えて月を祀ることが収穫を祈る農耕儀礼として残されたといわれる。

「後の月」という季語があり、十三夜、名残の月、豆名月、栗名月とも呼ばれる。旧暦9月13日の夜の月で、華やかな名月に対して寂びた趣の月に枝豆や栗を供える。片見月という言葉があるが、両方の月を必ず同じ場所で祀るという習わしがあり、そのために月見は自宅で行うことになったといわれる。

「自然と芸術」の講義の中で、太陽のこと、月のこと、地球のことをかならず話している。月は、地球に最も近い自然の天体であり、珍しく大きな衛星である。その強い引力で地球を引っ張っているので、地球の自転軸がぶれずに安定している。月は、直径で地球の4分の1、質量で81分の1であり、地球から見た視直径が太陽の視直径にほぼ等しい。

中秋の名月は旧暦8月15日の月のことで、２０１８年は9月24日である。これは必ずしも満月とは限らない。２０１８年の満月は9月25日である。果たして天候はどうなるであろうか。この日、曇っていて月が見えないのを「無月」、雨で見えないのを「雨月」といいながら月を祀る。１９９６年の満月を私が詠んだときには、日本列島全体を雲が覆っていた。

東山に昇る名月

賀茂川（京都市北区 出雲路橋付近）にて、2018年9月19日（水）撮影

望天館から見渡す秋の空

望天館2階に掲げられた「燦」の文字

去るものは去りまた充ちて秋の空　飯田龍太

♂は武器♀は手鏡秋の空　和夫

「秋の空」は、秋空、秋天《しゅうてん》とも詠まれる。澄みきった秋空のことである。秋は長雨に見舞われることもあるが、一方、からりとした晴天に恵まれることも多い。台風の去った後には、まぶしい青空が広がる。

秋の空模様は変わりやすいことでも知られており、「男心と秋の空」とも「女心と秋の空」ともいわれる。微妙にニュアンスは異なるかもしれないが、どちらも正しい。尾崎紅葉の小説『三人妻』には「男心と秋の空」が出てくる。ヴェルディの歌劇『リゴレット』第3幕の「風の中の羽のようにいつも変わる女心」という『女心の歌』もかつてヒットした。

夏から秋にかけて空の透明度が増す。秋には大陸から移動してくる高気圧に覆われて晴れる日が多く、海から来る高気圧と違って、空気中の水蒸気が少なく、空の青さが濃くなる。春の高気圧には黄砂が載ってくるが、秋にはそれがないことも関係している。

秋の雲の代表は巻雲である。鳥の羽のような雲で、高さは5キロから13キロメートルである。

1977年、京都芸術短期大学の初めての入学式が行われた望天館に別れを惜しむ会が2017年に行われたが、その初代望天館の赤煉瓦の壁を取り付けて、新しく望天館2世が誕生した。1階の入り口横には3Dプリンタ用のカメラが置いてある（当時）。

入り口からロビーに入った途端に、正面の2階の壁一杯に「燦」の書が掲げられているのが目に飛び込んでくる。書家の杭迫柏樹さんの書である。四川省から取り寄せた紙に墨黒々と書かれた一字である。

望天館2階には国際会議ができる円卓の会議場がある。大型の精密なプロジェクタが大型スクリーン2面に鮮明な映像を映すことができる。天井から下がるカーテンには京都盆地の風物が描かれている。

3階には秘書室、副学長、学部長の部屋、そして学長室がある。学長室にはチンパンジーのアイが描いた絵がある。またタイムドメインのスピーカで「本物の音」を聞いてもらえるように設備が整えられている。音源を持参して訪ねてきていただければ試聴してもらえる。

4階から屋上へ出ると京都盆地の秋の空を見渡すことができる。そこは学生たちの広場である。さまざまな利用の仕方があり得る広場である。

風の舞台から京都盆地の野分雲を見る

鳥羽殿へ五六騎急ぐ野分かな　蕪村

溪深し宿の下なる野分雲　和夫

「野分」は仲秋の季語である。野わけ、野分立つ、野分波、野分雲、野分後、野分晴などという季語を詠む。関連季語として、台風、初嵐、やまじ、おしあななど、日本にはこの季節の暴風雨に関連する季語が多い。

野分とは、野の草を吹き分けて通る、秋の強い風のことである。平安時代からよく使われた言葉であるが、今でいう台風のもたらす風をさした言葉であろう。地方には独特の呼び方がある。「やまじ」は、愛媛県東部の四国中央市、新居浜市、西条市などで、南寄りの強風のことをさす。春や秋に多く、日本三大局地風の一つである。豊受山にある風穴神社の風穴から吹き出す。「おしあな」は、南東から吹く強風を長崎で呼ぶ。「あなじ」という北西からの強風を押し返す意味だという。風向きが西寄りに変わっておさまる。悪風として漁民、農民に恐れられている。

『枕草子』(百八十八段)では「野分のまたの日こそ、いみじうあはれにをかしけれ」とあり、野分の翌日はしみじみとした趣があるとされている。

昔は、観天望気で予想した。経験からさまざまな諺が生まれた。吹きだした暖風は暴風の兆し、白雲糸引けば暴風、風無きに雲行き急なるは大風、雲の行き違いは暴風雨、山に黒雲かかれば暴風雨、秋の台風は韋駄天で風が強い、などなど。

今では、気象庁から、台風の実況では、台風の中心位置、進行方向、速度、中心気圧、最大風速(10分間平均)、最大瞬間風速、暴風域、強風域が広報される。台風の中心位置を示す×印を中心とした赤色の実線の円は暴風域で、風速(10分間平均)が毎秒25メートル以上の暴風が吹いているか、地形の影響などがない場合に吹く可能性のある範囲を示している。

予報の内容は、3日先までの各予報時刻の台風の中心位置、中心気圧、最大風速、最大瞬間風速、暴風警戒域である。破線の円は予報円で、台風の中心が到達すると予想される範囲を示す。予報した時刻にこの円内に台風の中心が入る確率は70%である。2020年4月からは、さらに予報期間を延長して、5日先までの予報が表示されるようになった。暴風警戒域は、従来通り3日先までである。

瓜生山学園の大階段の上には風の舞台がある。京都盆地の空を眺め、風の向きを確かめ、明日の天気を予測してみるのも、おもしろいかもしれない。

学長賞作品〈光らせたいもの〉

佞武多と十三重の石塔

「ねぶた祭」あるいは「ねぶた」は、秋の季語である。佞武多と表記される。青森の代表的な行事で、青森市や弘前市で8月初めに行われる。ねぶたは睡魔のことであるといわれる。収穫を前にして睡魔を防ぐための祭だという。青森では「ねぶた」と呼ばれる歌舞伎人形灯籠、弘前では「ねぷた」と呼ばれる扇灯籠が主役となる。

京都芸術大学では毎年1年生が

ねぶた絵の義経抱かれまだ赤子　辻　桃子

石塔の見守る佞武多点灯す　和夫

瓜生山に建つ十三重の石塔

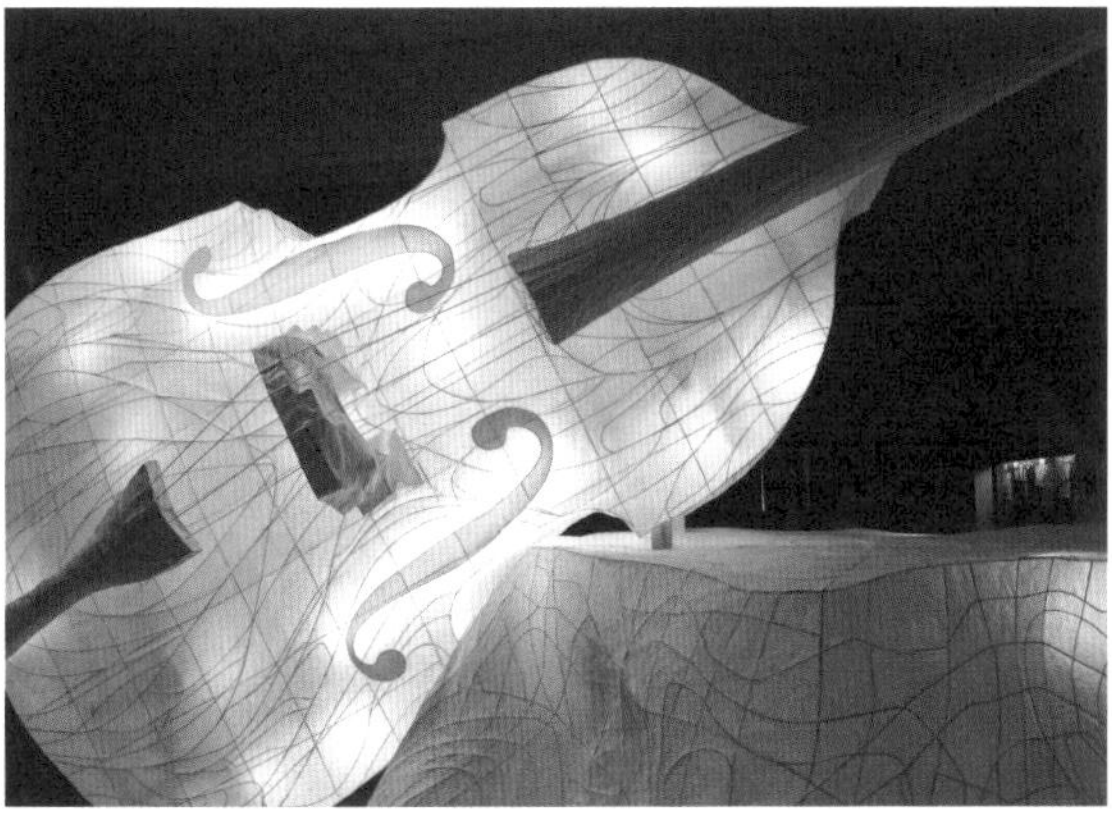

青森市長賞作品〈コントラバス〉

全員参加でねぶたを制作展示する。2016年度のねぶたの課題は「刻」。21基の力作がぎりぎりまでかけて見事に仕上がり、9月14日夕刻、点灯式が行われた。その感激いまだ覚めやらぬなか、春秋座で表彰式があり、学長賞には「光らせたいもの」が選ばれ、その他多数の賞が発表されて歓声が上がった。

2016年から新設された青森市長賞は、青森からねぶた職人が審査に参加して、「コントラバス」が選ばれた。楽器の木の肌まで表現された技術が評価された。青森市との間には総括協定が締結されており、交流が続く。京都芸術大学の学生たちの作品が青森市内で展示され、また「写真展京造ねぶたの軌跡」も開催された。

2016年度の学長賞に選ばれた作品は体育館の舞台に設置されていた。その窓の外には十三重の石塔が建っている。学園の創設者である故徳山詳直前理事長が、その想いを込めて建立した塔で、瓜生山に眠る霊が祀られ、学園の基本理念の象徴の石塔である。

秋祭と栗田神社の大燈呂

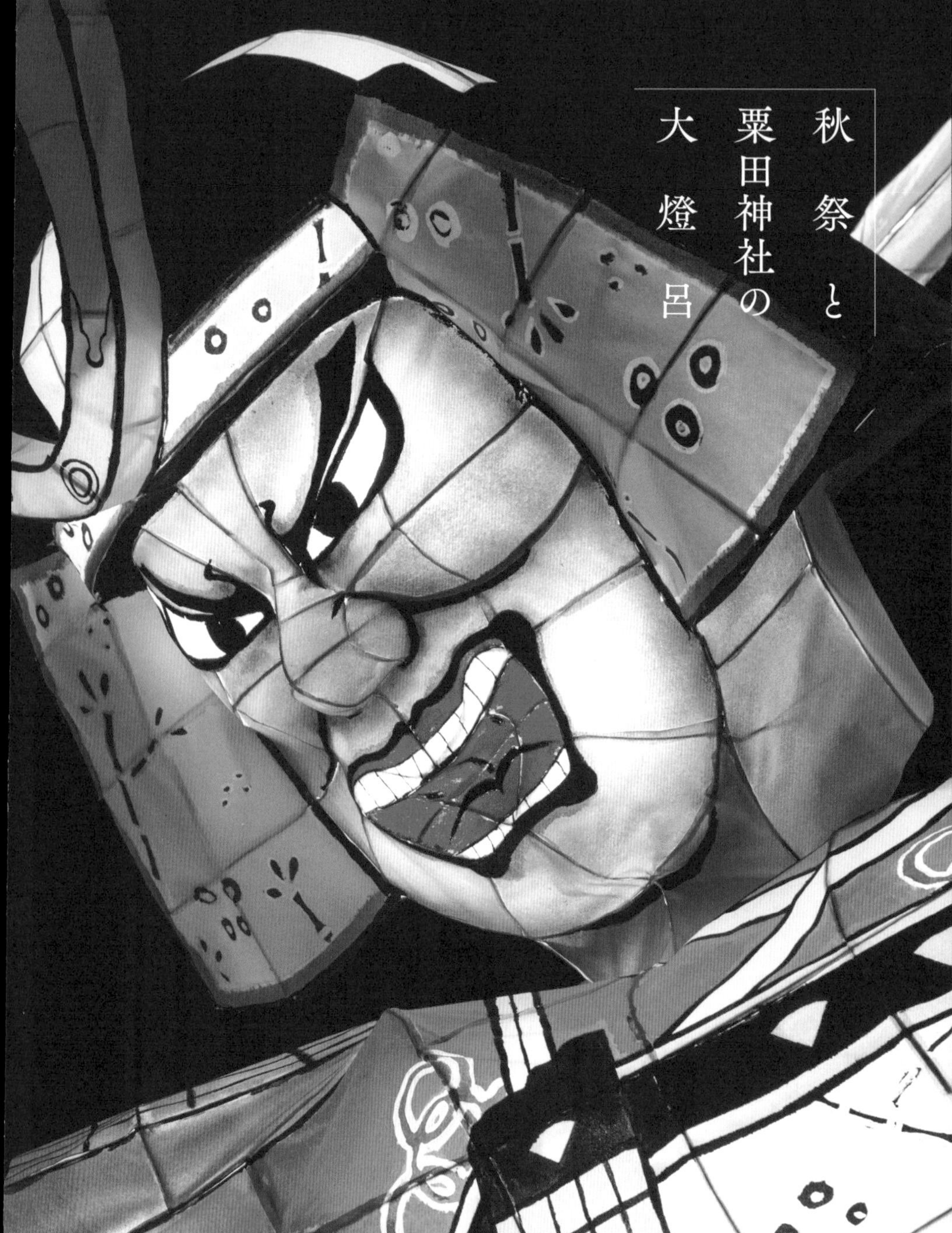

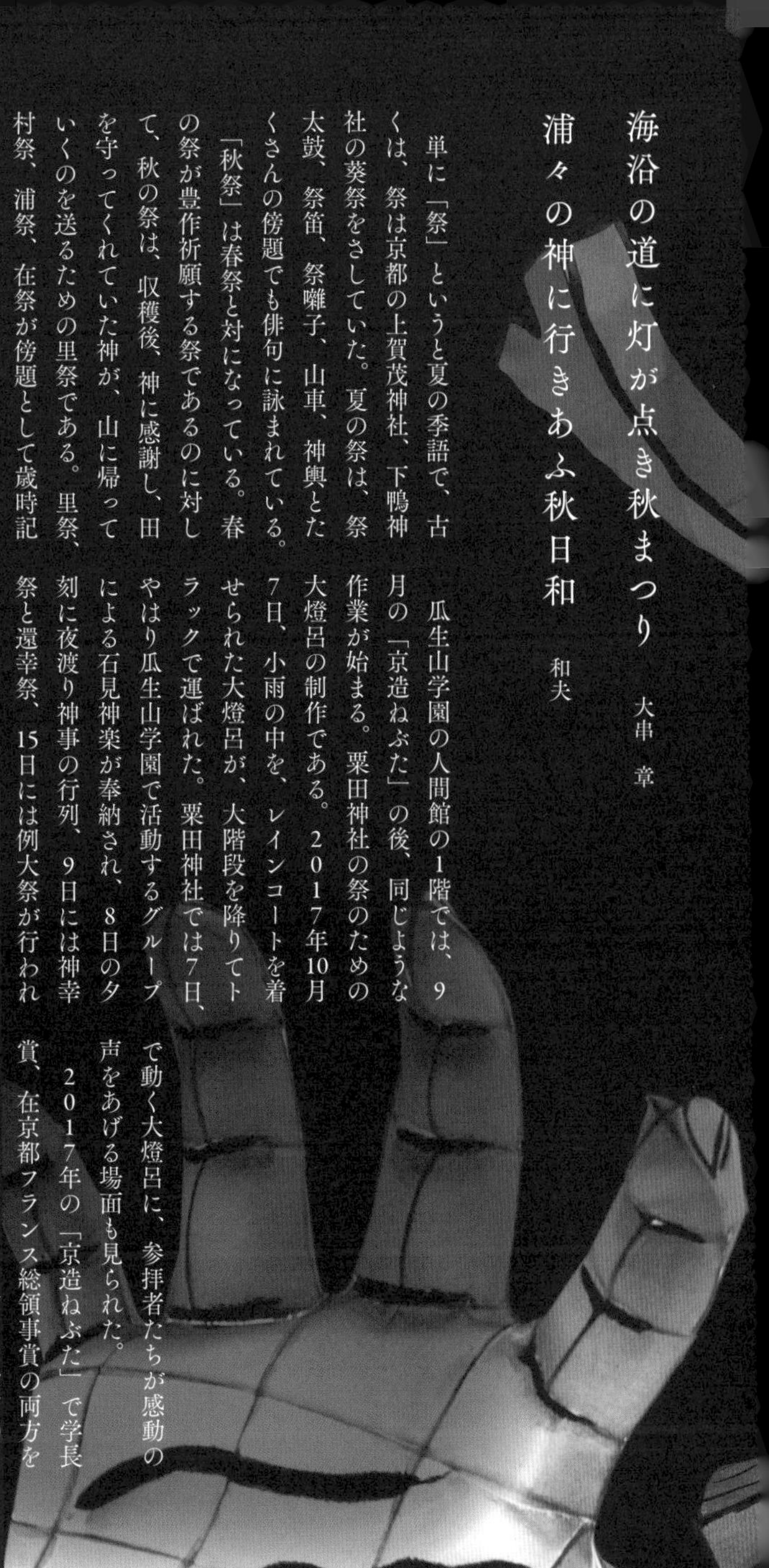

海沿の道に灯が点き秋まつり　大串 章

浦々の神に行きあふ秋日和　和夫

単に「祭」というと夏の季語で、古くは、祭は京都の上賀茂神社、下鴨神社の葵祭をさしていた。夏の祭は、祭太鼓、祭笛、祭囃子、山車、神輿とたくさんの傍題でも俳句に詠まれている。「秋祭」は春祭と対になっている。春の祭が豊作祈願する祭であるのに対して、秋の祭は、収穫後、神に感謝し、田を守ってくれていた神が、山に帰っていくのを送るための里祭である。里祭、村祭、浦祭、在祭が傍題として歳時記に載っている。

秋祭の御輿も、かけ声とともに村や町を移動する。京都の吉田神社では、御神輿さんが、「ホイットホイット、ヨーサ」と練り歩く。こども御輿も京都大学の近くを通る。「サイヨレ」というかけ声もあり、「幸寄れ」という意味だという。

瓜生山学園の人間館の1階では、9月の「京造ねぶた」の後、同じような作業が始まる。粟田神社の祭のための大燈呂の制作である。2017年10月7日、小雨の中を、レインコートを着せられた大燈呂が、大階段を降りてトラックで運ばれた。粟田神社では7日、やはり瓜生山学園で活動するグループによる石見神楽が奉納され、8日の夕刻に夜渡り神事の行列、9日には神幸祭と還幸祭、15日には例大祭が行われる。

粟田祭で1832年以来途絶えていた粟田大燈呂が、瓜生山学園の学生たちの協力で2008年に復活した。2017年は京都芸術大学と京都文化日本語学校の学生たち30名が参加して制作した。夜渡り神事では、闇夜に光る粟田大燈呂が並び、からくり仕掛けで動く大燈呂に、参拝者たちが感動の声をあげる場面も見られた。

2017年の「京造ねぶた」で学長賞、在京都フランス総領事賞の両方を受賞した「ホッキョクグマ」が、10月6日のニュイ・ブランシュ（白夜祭）で、アンスティチュ・フランセ関西の庭に展示された。また、横浜のカップヌードルミュージアムに置かれた2013年の「カップヌードル」ねぶたも、すでに400万人の人たちに見てもらえたという。

西山の秋夕焼

秋夕焼芯はまつくろかもしれぬ　夏井いつき

秋夕焼準平原へ沈みけり　和夫

「夕焼」は夏の季語である。夕焼の現象は一年中見られ、季語として歳時記には、「冬夕焼」、「春の夕焼」、「秋夕焼」というように各季節に登場する。それぞれに夕焼の特徴が異なるが、秋の夕焼はどこか寂しさをともなうように見える。「虹」も夏の季語であり同じように「春の虹」「秋の虹」「冬の虹」という。「月」は「春の月」「夏の月」「月」「冬の月」と歳時記にあって、月は秋こそ月にふさわしい姿であるといわれる。それに対して、「日」は「春の日」「夏の日」「秋の日」「冬の日」とあり、季節感の感覚に差がない。ついでながら、「星」の場合は、「春の星」「夏の星」「冬の星」があり、秋には「星月夜」という季語があって月夜と対比されている。一方で「闇」に関しては、「春の闇」「夏闇」「虫の闇」という季語が詠まれ、冬には闇が登場していない。それぞれに歴史の中で整理されてきた日本人の感覚が、見事に表現されている。

瓜生山の大階段には夕日を見るための「風の舞台」があるが、学園全体が東山にあるために、自ずから夕日を見る絶好の場所がたくさん存在している。学生たちはそれぞれに活動の場所から夕日を見て夕焼の景色を思い出にする。

光の波長が道筋の粒子よりも大きいと通過しやすいという現象は「レイリー散乱」と呼ばれる。夕方には太陽光の入射角が浅く、大気層を通過する距離が伸びて青色が通過しにくく、赤などの長波長の光が見られる。1883年のクラカタウ火山の巨大噴火の後には世界中で鮮やかな夕焼が見られた。

夕方には「太陽の蜃気楼」と呼ばれる現象もあり「だるま夕日」が見える場所がある。室戸ジオパークでは夕方の海岸でこの現象を待ってカメラを構える人の姿がよく見られる。私も一度だけ室戸岬の砂岩泥岩互層の岩の上からみごとなだるま夕日を撮影して感動したことがある。

鰯雲人に告ぐべきことならず　加藤楸邨

鯖雲やハイジの住みし家はどこ　和夫

このシリーズでは、さまざまな形で瓜生山学園から見る京都の空を紹介してきた。朝焼の空、夕焼の空、望天館からの秋の空などを見ていただいた。今回はさらに瓜生山から秋の雲を見ることにしたい。前にも秋の雲は巻雲とひと言だけふれた。季語には鰯雲がある。鱗雲、鯖雲が傍題である。気象用語では巻積雲または高積雲で、さざ波のような小さな雲片の集まりが空に広がる。鰯の群のように見える。あるいはこの雲が出るころ鰯が大漁になる。また、鱗のように見え、あるいは鯖の背の斑紋のように見える。これとは別に野分雲という季語もある。台風が運んでくる雲は秋の大きな特徴である。

雲を詠む季語は四季を通じてたくさんある。春の雲、夏には入道雲、峰雲、雷雲、冬には凍て雲、寒雲などであるが、秋の雲の季語が一番多い。

羊雲という呼び名もよく知られているが、歳時記に季語としては載っていない。『広辞苑』では、鰯雲、鱗雲、鯖雲のことを羊雲とも呼ぶとあるが、それでも羊雲という季語はないので詠めない。名句が生まれるまでは季語集に入らない。気象現象としては高積雲であって、寒気団上部に暖気が接した際にできる場合が多い。小規模な大気波の影響で帯状や波紋状に発達して広がる。

高さによる雲の名をあげると、巻雲、巻層雲、巻積雲、高層雲、高積雲、叢雲、乱層雲、層積雲、積雲、層雲、積乱雲などがあり、形による雲の名をあげると、毛状雲、鉤状雲、濃密雲、塔状雲、房状雲、層状雲、レンズ雲、霧状雲、並雲、雄大雲、断片雲、無毛雲、多毛雲などがある。しかし、実際に雲を見上げたとき、これらの名で呼び分けられる人はあまりいない。

地球の雲の成分は液体か固体の水である。水滴や氷晶の形でできている雲粒の大きさは、半径1から10マイクロメートル程度で、計算上の落下速度は秒速1センチメートル程度であるが、落下速度を上回る上昇気流があるので落ちてこない。

雲が白に見えるのは雲粒が太陽光を散乱するからである。厚みのある雲は灰色、底の部分は黒に近い暗い色に見える。これは濃度の高い雲粒により雲内で何度も太陽光が散乱、吸収されて光が弱まった結果である。日光が水滴で回折して雲が虹色に輝いて見えるのを彩雲という。

瓜生山から見る秋の雲

94—95

仲秋の名月を京都盆地から見る

仲秋の名月（2020年10月1日撮影）

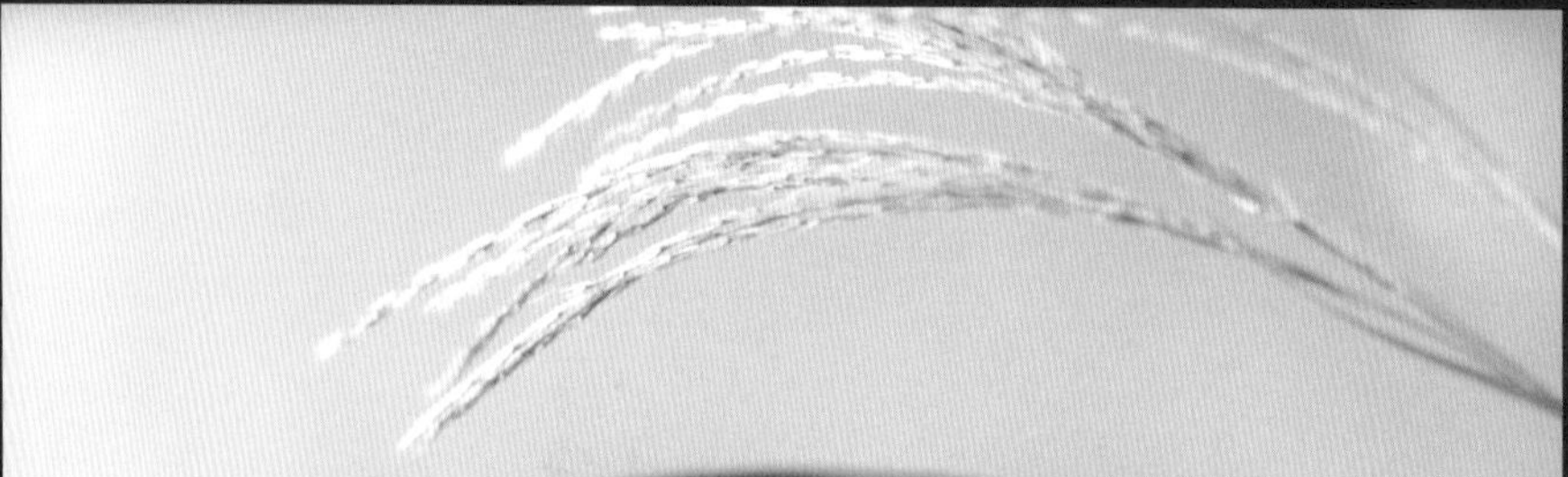

月今宵野分の雲の中走る　辻 桃子

ユネスコの代表来たる月見かな　和夫

「仲秋の名月」とは、旧暦8月15の月をさす。「仲秋」は旧暦では葉月のことである。歳時記では、仲秋を二十四節気の白露（9月8日ごろ）から寒露（10月8日ごろ）の前日までとしている。「中秋」というのは秋の真ん中のことである。旧暦8月15日の月を「仲秋の名月」や「中秋の名月」というが、意味が違っても、いずれも旧暦8月15夜の月を指す。

この日、月下に酒宴を張り、詩歌を詠じ、すすきを飾り、月見団子、里芋、枝豆、栗などを盛り、神酒を供え、月を眺めて楽しむ。このように、仲秋の名月を観賞する風習は、中国では唐の時代からあった。日本には平安時代の貴族の間に取り入れられ、桂離宮が月の観賞をふまえて設計された。その後、武士や町民へと次第に広まった。日本では仲秋の名月は「芋名月」とも呼ばれる。

二十四節気は、中国の戦国時代のころ、季節を春夏秋冬の4等分するものとして考案された。一年を十二節気と十二中気に分けて名前がつけられた。中気である夏至・冬至の二至、春分・秋分の二分は併せて二至二分という。節気である立春・立夏・立秋・立冬を四立《しりゅう》という。二至二分と四立を併せて八節という。二十四節気は中国の中原を中心とする気候で名付けられており、日本で体感する気候と合わない名称や時期もある。例えば夏至は、梅雨の真っ只中にある。大暑は「最も暑い時候」と説明されるが、日本の盛夏は立秋の前後になる。日本では、土用、八十八夜、入梅、半夏生、二百十日などの雑節を季節の区分けに設けている。明治5年に太陽暦をもとにしたグレゴリオ暦（新暦）を採用したため、二十四節気の日付は毎年ほぼ一定となった。

2020年の仲秋の名月は10月1日だった。この月は特別で、国立天文台の解説には次のように書いてある。「今年の中秋の名月は10月1日で、翌2日が満月となります。6日には真夜中の空で存在感を放っている火星が地球に最接近となります。14日頃にはくじら座の変光星ミラが明るさの極大を迎えます。22日、23日には日の入り後の南の空に見えている木星、土星に月が近づきます。31日は10月2回目の満月です。31日の満月は、今年、地球から最も遠い満月です」

名月を見た人は旧暦9月13日の月（後の月）も同じ場所で見なければいけないといって、また月見を楽しむ習慣が日本にはある。

松茸の椀のつつつと動きけり
鈴木鷹夫
献立に松茸飯の太字かな
和夫

松茸と瓜生山の赤松林

「松茸」は、キシメジ科の食用茸で、赤松林に多く生える。「匂い松茸、味占地」といわれ、香高く風味が優れているのがいい。日本国内では生産量が少なくたいへん高価であるが、それでも売れる。

赤松の樹齢が20年から30年になると松茸の発生が始まり、樹齢30年から40年が活発で、70年から80年で衰退するそうである。松の根と共生するので、松茸の子実体は典型的には直径数メートルの環状に発生する。見つけたら松の根から同じ距離でたどるとまた見つかることがある。

鋤焼きがとくに美味しい。兵庫県の氷上で松茸山に案内されたとき山を下りると、友人が河原で鋤焼きの用意をして待っていた。美味しくするコツは、肉が隠れるほど松茸を割いて載せることと教えてくれた。確かに美味しかったが、再現する機会は二度とないだろうと思う。

薄切りにして醬油と酒と味醂で炊き込んだ松茸飯も、香りと歯触りを愉しむ秋の季語である。

瓜生山学園のある瓜生山には、赤松が450本あるという。庭園の研究者が大学にいるので調査ができている。しかし、松茸があるかどうかは確認できていない。ある人の話によると、松茸を持って山を下りてくる人を見かけたというが、定かでない。吉田松陰の像のあたりから千秋堂の上あたりを探してみたいと思っているが、ひとりでは心細いので、同行してくれる人を探すことにしたい。

瓜生山学園創立記念に松茸を探す企画もあっていいかもしれない。

甘藷と瓜生山の農場

瓜生山農園の作物は甘藷を含めてすべて無農薬で栽培されている

ほっこりとはぜてめでたしふかし藷　富安風生

おしゃべりの止まりて石焼藷の声　和夫

甘藷《さつまいも》は薩摩薯とも書き、甘藷《かんしょ》とも読む。仲秋の季語である。ヒルガオ科の多年草で、塊根を肥大させて食用として改良された。原産は中南米で、16世紀に南アメリカ大陸からスペイン人あるいはポルトガル人によって東南アジアに導入され、ルソン島から中国を経て、1597年に宮古島へ伝わった。17世紀の初めごろに琉球、九州、その後八丈島、本州と、かなり速い伝わり方であった。私がこどものころ住んでいた高知では、もっぱら唐芋《からいも》と呼んでいたが、中国(唐)から伝来したことによる名である。

　関東に普及させたのは青木昆陽で、彼は甘藷先生と呼ばれた。徳川八代将軍吉宗が、飢饉の救荒作物として甘藷の栽培を昆陽に命じた。小石川薬園などで試作した結果、享保の大飢饉で役立ち、関東などで栽培が普及した。江戸四大飢饉の一つで、日本の近世では最大の飢饉とされる天明の大飢饉では、多くの人々の命を救った。天明3年3月12日(1783年4月13日)に岩木山が噴火、7月6日(8月3日)には浅間山が噴火し、各地に火山灰が降った。そのための日射量低下による冷害が農作物に壊滅的な被害を与えたのである。

　食用にはおもに塊根の部位が利用されるのであるが、私はこどものころから葉や茎も食べていた。茎を油炒めに、芽をお浸しにするととても美味しい。私の娘は小学校での甘藷の収穫の時、藷でなく蔓を持ち帰って、先生が気遣って電話してきたこともあった。

　根には澱粉が豊富で、エネルギー源として最適である。また、ビタミンCや食物繊維が多く、加熱してもビタミンCが壊れにくいという大きな特長がある。米に比べると保存性に劣り、運搬に向かないなどの理由と、タンパク質で米に比べて不利であるために米に勝てなかったが、薩摩藩の不毛の地といわれたシラス台地の開発などで大いに活躍した。

　根は摂氏60度でじっくり加熱すると、デンプンを糖化する酵素が働いて甘味が増す。そのため石焼き芋やふかし芋という独特の調理法が冬の名物となり、天ぷら、大学芋、栗金団などに加工される。焼藷、石焼藷は冬の季語である。

冬

山河襟帯朱鷺色に明け冬の月

撮影：志村茉那美（美術工芸学科）

お坊さんと学生とで作る十夜祭

運び来る僧皆若し十夜粥　原 石鼎

金髪の碗を吹き吹き十夜粥　和夫

「十夜」は初冬の季語。お十夜、十夜法要、十夜粥、十夜婆、十夜鉦、十夜寺、十夜僧、十夜柿というように多くの傍題を伴う。十夜婆《ばば》というのは、この法要を行っている婆である。十夜粥は夜中に振る舞われる。

旧暦10月6日から15日まで、10昼夜にわたって行われる念仏法要で、十夜《じゅうや》会《え》、あるいは御十夜《おじゅうや》といわれる。日本大百科全書によると、

「善を修すること十日十夜なれば、他方諸仏国土において善をなすこと千歳ならんに勝る」

「十日十夜散乱を除捨し、精勤《しょうごん》して念仏三昧《さんまい》を修習」

などと経典にあるという。法要の形をとったのは室町末期の永享年中（１４２９〜41）のことである。平貞国が京都黒谷の真如堂に三日三夜、念仏参籠した暁、夢想を得て引き続き七日七夜の念仏を行ったことに由来する。

瓜生山学園では、浄土宗の伝統行事である十夜法要を、学生たちとお寺との連携で実行しようという興味深い企画が続いている。地域のお寺に継承されている仏教文化を、学生たちが現代の感性で解釈し、アートで表現するという趣旨である。この企画、お寺の持っている魅力がどれだけ引き出されるであろうか。あるいは学生たちがこの企画を通してどれだけ浄土宗の伝統に入り込んでいくことができるであろうか。いろいろな視点から、とても興味深い。

京都盆地に脈々と受け継がれ、人々のこころを引きつけてきた仏教文化の魅力が、すなわち京都にあるお寺ごとの魅力である。２０１８年の十夜祭は、学生クリエイターとお坊さんが作る10日間のアートフェスだ。六道輪廻をコンセプトとして、ファッションショー、浄土系アイドルによるライブ、住職の複製ロボットによるテクノロジーと、仏教の未来の予感。これらをさまざまなパフォーマンスで人々に問う。

２０１８年、４年目を迎えるこの十夜祭が、新たなテーマ、新たなクリエイターと共に、仏教の世界観に触れる地域のこどもたち、大人たちにどれだけ楽しんでもらえるだろうか。

学食名物のおでん

学生たちと尾池学長が一緒におでんを楽しんだ

おでんの灯文学祭は夜となりぬ　山口青邨

ハングル(오뎅)を「おでん」と読んで入りけり　和夫

豆腐を串に刺して味噌をつける味噌田楽の田に「お」をつけたのが名称の由来である。その変形が煮込田楽で、これを現在では「おでん」という。江戸で始まり関西で「関東煮」と呼んだ。

江戸時代初期、江戸の市場の醤油の多くは上方からのもので、享保期の資料では70％以上が上方のものであった。19世紀になると江戸周辺から供給される醤油の比率が高まる。幕末には上方醤油は5・6％となった。銚子で始まった醸造が、江戸経済圏の発展とともに、醤油を盛んに供給するようになった。削り節に醤油、砂糖、みりんで煮込んだ「おでん」が盛んとなった。

おでんの具は地域によるが、里芋、蒟蒻、大根、はんぺん、竹輪などは定番といえる。時間のかかる具材から準備する。大根は下茹ですると味がしみ込みやすくなる。3センチメートルの厚さの輪切りにし、厚めに皮を剥いて、皮も捨てずに酢漬けにしておでんに添える。片面に深さ1センチメートルくらいの十字の切り込みを入れる。大根を大きな鍋に移して米のとぎ汁を加えて火にかけ、沸いたら火を弱めて竹串がすっと通るまで茹でる。水を差して冷めたらそっと手で取り出す。芋類も同じだが、煮崩れしやすいので固めに茹でる。蒟蒻は塩をまぶして5分おいて茹でる。揚げ物は熱湯で油抜きをする。

おでんの具の好き嫌いでは議論が尽きない。ゆで卵を入れるのを邪道という人がいるが、私はかならず入れる。

出汁が重要であるが、私の場合は高知市の門田鰹節店で買う「おだしさん」を使う。これは一番出汁をスープとし、二番出汁をおでんに使い、最後は煎ってふりかけにすると美味い。

瓜生山の中腹にある学生食堂でも冬のおでんは人気である。毎週金曜日の名物となっている。また、学内外でパーティーをやるときにも、前もってお願いしておくと美味しいおでんを冷めないように届けてくれる。それを食べながら一段と会話が弾む。

新年会を叡山電鉄の車両を借り切って企画してくれた職員がいた。出町柳から学食のおでんを積み込んで乗り、八瀬の駅に停めておいて新年を祝った。私も早速真似をして、氷室俳句会の秋の大会のときにそれをやった。八瀬の河原の石ころを観察した後、八瀬駅まで熱々のおでんを運んでもらって俳句を詠みながらの昼食会とした。

京都盆地の桜紅葉と冬の虹

極上の虹や時雨の去り際に　尾池葉子

琵琶湖疏水桜紅葉の色となる　和夫

京都盆地の河川の多くは、北から南へと水が流れている。また標高も北から南へ低くなっており、東寺の五重塔の天辺が北山通のレベルになっている。東寺の五重塔は国宝で、東寺のみならず京都のシンボルの塔であり、54・8メートルの高さは、木造の塔として日本一を誇る。

瓜生山学園の本部がある上終の交差点と、映画学科のある高原校舎の間に、琵琶湖からの水が流れる疏水がある。この疏水は京都盆地の他の川と異なり、南から北へ流れている。また、上終交差点の前の白川通も、京都盆地の他の南北の道と異なり、南に向かってゆるやかに登っている。

東山の比叡山と大文字山の間の部分は花崗岩で浸食されやすく、そこからの土砂が白砂となって盆地に流れ出てくる。その花崗岩部分は激しい浸食で低くなっている。比叡山と大文字山は、花崗岩の元となったマグマが貫入したとき焼かれて硬くなったので高いままである。花崗岩からの土砂は北白川扇状地を形成し、その扇状地の尾根に沿って志賀越道が低い峠へ向かってできた。北白川扇状地の尾根に向かって、学園前の白川通は、南へ登る傾斜になっているのである。

白川疏水に沿って春の桜の名所がある。その桜の葉が秋にはみごとな桜紅葉になる。その仕組みは、京都盆地の堆積層に含まれる豊富な地下水によるものである。夏の蒸し暑さで葉に蓄えられた糖分が、北山時雨のもたらす底冷えとともに変化して真っ赤な紅葉を生み出す。

時雨は、京都の冬の名物である。北山が時雨れていて、南の方が晴れていると、鴨川を跨いで真昼の虹が低く現れる。この句の虹は、京都大学での私の最終講義のときの虹を、今出川大橋で妻が詠んだものである。鴨川にかかる橋から北に見える京都の冬の虹は、昼の太陽のもと、世界遺産の下鴨糺の森を跨ぐようにして低くかかるのが特徴である。

京都盆地の地上を流れる川は細いが、盆地の地下にはたっぷりと水が含まれている。その地下水が茶の湯を生み、湯葉や豆腐、京料理や酒を育てた。変動帯の活断層運動が生み出した盆地の地下水であり、そこから生まれた文化をまとめて、私は「変動帯の文化」と呼んだ。

冬の星と北山の準平原

冬の星が季語の主題で、寒星《かんせい》、凍星、寒昴、寒オリオン、寒北斗、冬北斗、冬銀河など、たくさんの傍題がある。瓜生山の上からも京都盆地の景色が冬晴れの空のもとに見渡せる。西には前縁の西山断層の地形とそこから北西に拡がる丹波山地、右側には北山の準平原、瓜生山から東には東山三十六峰の一部である大文字のある山が間近に見える。

準平原は、浸食の輪廻の終末期の地形をさすと辞書にある。長い間の浸食

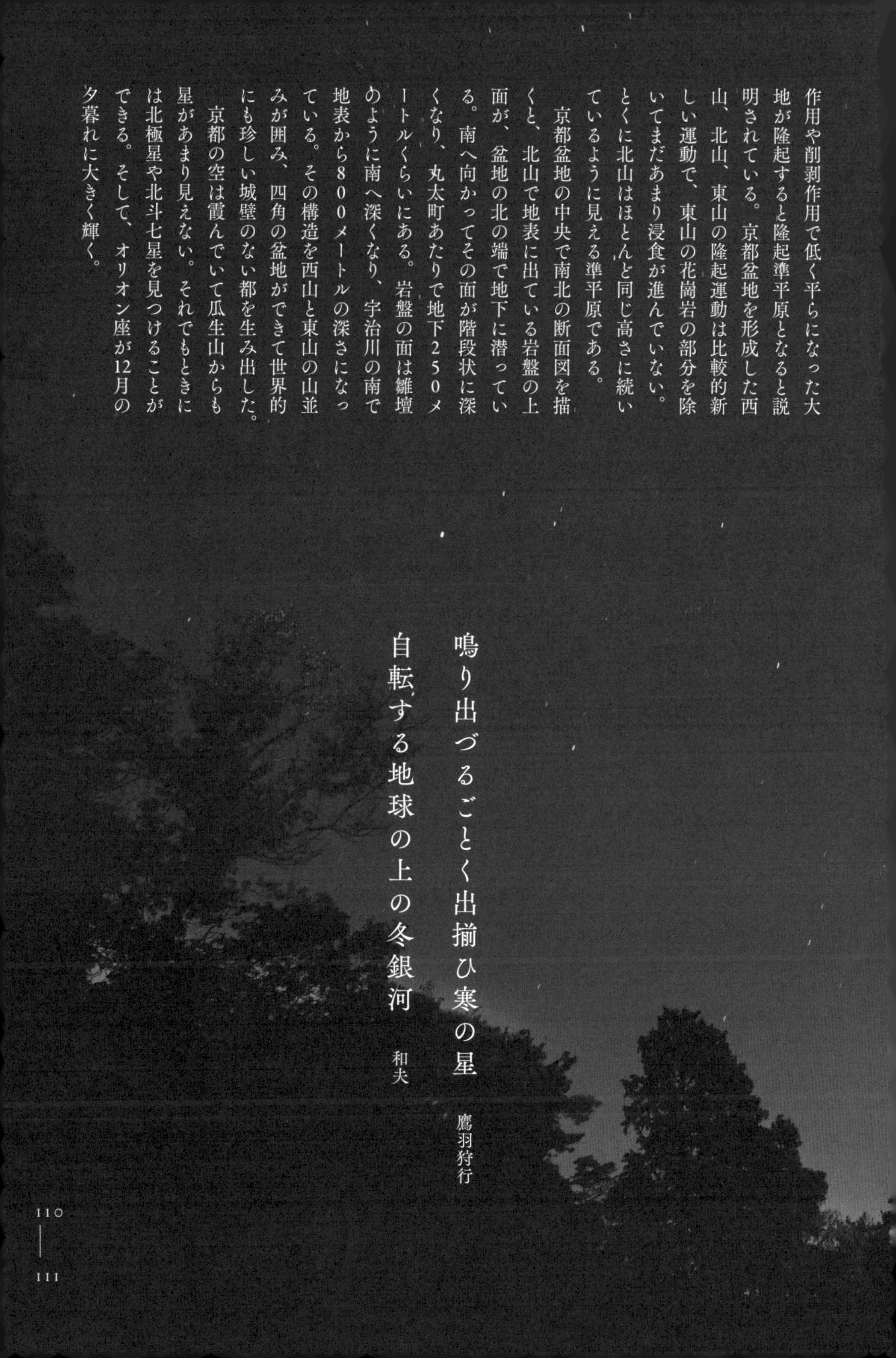

作用や削剥作用で低く平らになった大地が隆起すると隆起準平原となると説明されている。京都盆地を形成した西山、北山、東山の隆起運動は比較的新しい運動で、東山の花崗岩の部分を除いてまだあまり浸食が進んでいない。とくに北山はほとんど同じ高さに続いているように見える準平原である。

　京都盆地の中央で南北の断面図を描くと、北山で地表に出ている岩盤の上面が、盆地の北の端で地下に潜っている。南へ向かってその面が階段状に深くなり、丸太町あたりで地下２５０メートルくらいにある。岩盤の面は雛壇のように南へ深くなり、宇治川の南で地表から８００メートルの深さになっている。その構造を西山と東山の山並みが囲み、四角の盆地ができて世界的にも珍しい城壁のない都を生み出した。

　京都の空は霞んでいて瓜生山からも星があまり見えない。それでもときには北極星や北斗七星を見つけることができる。そして、オリオン座が12月の夕暮れに大きく輝く。

鳴り出づるごとく出揃ひ寒の星　鷹羽狩行

自転する地球の上の冬銀河　和夫

瓜生山に散る紅葉

「紅葉」は代表的な秋の季語であり、晩秋には「紅葉かつ散る」という季語があって、立冬を過ぎて初冬に入ると「散紅葉」あるいは「紅葉散る」という季語が登場する。秋に瓜生山を美しく染めていた紅葉が、冬に入ると散るばかりで、散り敷いた紅葉も掃かずにおいて観察すると、また美しい大地の色となる。

ある日の最低気温が摂氏8度以下になるのが紅葉の色づく必要条件で、5度以下になると一気に紅葉が進む。色の違いは酵素の違いであり、紅色は生産されたアントシアン、黄色はカロテノイド、褐色はタンニンが多いというように異なる。

京都盆地はいくつもの活断層の運動で生まれた。京都盆地の夏は蒸し暑く冬は底冷えするが、その特有の気候が、楓や桜の紅葉の微妙な色合いの変化を美しく生み出してくれるのである。楓の紅葉はとくに美しい。その楓の名の由来は「蛙手」だというが、手の指の数にあたる葉裂が、単純な場合は1つから、すべ

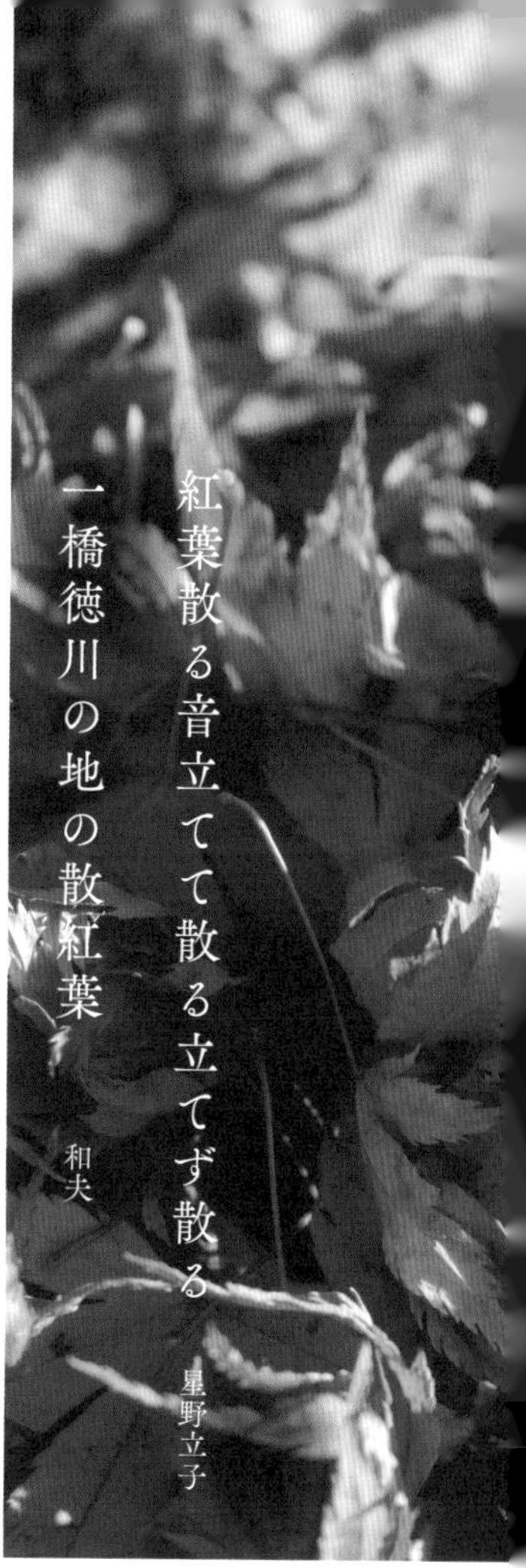

紅葉散る音立てて散る立てず散る

星野立子

一橋徳川の地の散紅葉

和夫

散り落ちた環境によって、散紅葉は違った表情を見せる

て奇数で、私の今までの記録では13まである。イロハモミジやヤマモミジでは5裂から9裂がよく見られる。

日本のカエデ属の植物は20種以上あると言われており、その中にはヒトツバカエデのような分かれないものもある。葉裂の数と深さにどのような意味があるかはわかってはいない。

瓜生山のキャンパスには、砂利の地面あり土あり石畳あり、さまざまな形の階段ありマンホールありで、それらの上に紅葉の葉が積もっていく。多様性の世界が散紅葉の姿にも見られて飽きることがない。

大階段の上の一番道路に近い角にある楓の葉を見ると9枚に分かれている。その葉裂を、これが年によって変化するのか、毎年同じ数なのかというような疑問とともに眺める。散紅葉を掃かずに溜めてあるのを見ると、風流のこころを感じる。散紅葉が妙に似合う場所というのがあるのだろう。

イルミネーション
と
クリスマスの季節

クリスマス羊の役をもらひたる　西村和子

女子寮へ花束抱へクリスマス　和夫

毎年12月に入ると街中のさまざまな場所にクリスマスツリーが飾られ、年末の雰囲気が漂う。クリスマスツリーだけではなく、さまざまなイルミネーションが夕方から夜中まで街を彩り、多くの人たちが寒さを忘れて歩く。

クリスマスというと雪の降る北国の景色を想像していたが、それは思い込みであったようで、日本列島南端の沖縄でも冬になればイルミネーションがあちらこちらに登場する。沖縄本島で数か所も見られるという。スターダストファンタジアは、名護市にある「カヌチャベイリゾート」の広大な敷地の中で始まる。また、いかにも沖縄らしい「琉球ランタンフェスティバル」が、琉球王朝時代の街並みを再現した読谷村「むら咲むら」で開催される。こちらは敷地内に３０００個以上の中華ランタンや和紙灯篭、オブジェにあかりが灯される。

晩冬の季語であるクリスマスの傍題には、降誕祭、聖樹、聖夜、聖夜劇、聖菓、サンタクロースがあり、聖書や賛美歌を題材に台本が書かれて、こどもたちの演じる聖書劇があり、クリスマスイヴにはサンタクロースが訪れて靴下にプレゼントを入れてくれる。

大学でもクリスマスの飾りとともに年末の雰囲気が満ちてきて12月25日を過ぎると急にキャンパスが静かになる。学年によって冬休みの過ごし方が異なるが、学生たちはキャンパスからいなくなる。卒業をひかえた4年生はそれでも黙々と作品にとり組んでいることも多い。

京の師走の風物詩は、11月、南座に「まねき」があがり顔見世興行があるが、２０１８年は特別で11月1日が初日で賑わった。12月13日は「正月事始め」、植物園などのイルミネーションも知られているが、それに京造イルミネーションが華やかに加わる。２０１８年のタイトルは「ＷＡＧＡＲＡ～変わらない街ＫＹＯＴＯ～」で、変化しないものの大切さをコンセプトに「日本の和」を和柄や和紙を使って表現した。大階段に広がる灯篭や天井に吊るされるランプシェード一つひとつに願いが込められて、日本の和の魅力を取り入れた、京都の芸大生ならではの冬のイルミネーションとなった。

美しき人美しくマスクとる　京極杞陽

手袋を落として厄を落としけり　和夫

冬の服装をさす季語は多い。歳時記には寒さに向かう昔からの智恵が集積されている。今ではあまり見られないと思っていても、マントやインバネスのように、明治の服装が復活したりすることもある。歳時記にはそれらが出ている。

普通に見られる冬の季語は、襟巻、外套、コート、ショール、セーター、手袋、冬帽、マスク、耳袋などである。総称して、冬シャツ、冬着、冬服も季語である。教室に入ると、膝掛が登場し、温《おん》石《じゃく》、懐炉も登場しているかも知れない。今では使い捨ての懐炉が普通であるが、懐炉という仕組みは元禄期の発明である。温石というのは、もっと昔、石を火で暖めておいて布で包んで体に当てた。

通信教育部には和服の学生も多い。足袋、冬羽織なども冬の季語である。冬の生活のスタイルとして、重ね着、毛糸編むなどの季語がある。また、瓜生山キャンパスにはあまり見られないかもしれないが、毛皮、毛衣、頭巾、ちゃんちゃんこなどの服装もある。

瓜生山は雪国ではないので、雪合羽、雪沓、雪帽子、綿帽子などが見られることはめったにない。姉妹関係で交流している山形の東北芸術工科大学の冬は、これらの季語がキャンパスにあふれる。

瓜生山のキャンパスには、芸術のあらゆる分野に関連する学生が常にあふれる。大学附属の高等学校には制服があるが、さまざまな組み合わせが可能なデザインで、それを生徒が楽しんでいる。

京都芸術デザイン専門学校の学生は、冬の季語のあらゆる分野で、服装そのものを自分がデザインすることを仕事にする。その作品もキャンパスや京都の街中を飾る。京都文化日本語学校には各国から日本の文化を学ぶためにやってきた学生たちが、ときに民族衣装を見せてくれることもある。認可保育園こども芸術大学では、こどもたちが寒さをものともせず、大きな声をはずませて活動している。

キャンパスにある専門分野の中には、空間デザイン、環境デザインなどがある。舞台芸術学科や映画学科では、時と所を超えてさまざまな服装が活躍する。歴史遺産学科では、文化財の保存修復で昔の衣装のことを詳しく分析することも多い。キャラクターデザインや漫画学科（当時）では、想像の世界にまで服装が拡がる。文芸表現学科では文章の力で、暮らしや服装を描きながら人のこころを描く。それらを展示して見せる仕組みをアートプロデュース学科で学ぶ。冬の季語を身につけた学生たちがキャンパスを闊歩する季節である。

キャンパスにあふれる冬の服装

個性豊かな冬の装い

年末の京都市内と社会実装の学園

思はざる道に出でけり年の暮　田中裕明

学園に新しきこと十二月　和夫

太陽暦で一年の終わりを迎える12月になると、京都の町中ではさまざまな行事や年用意が静かに行われる。それらが京都を中心に編纂された歳時記に整理されている。歳時記の「時候」では、「師走、極月、臘月」から年越の季語が始まる。そして列挙していくと、「年の暮、歳暮、歳晩、歳末、年の瀬、年の果」「数へ日」「年の内」「行く年、年歩む、年送る」「小晦日」「大晦日、大三十日、大年、大つごもり、除日」「年惜しむ」「年越」「除夜、年の夜」「年用意、春支度」とある。それぞれの意味を知ると行事の歴史がわかる。

「生活」では、「年末賞与」「年用意」から始まる。新年を迎えるためにいろいろ支度を調えることが、季語に並ぶ。「年の市、暮市、がさ市」「煤払、煤竹、煤籠、煤逃、煤湯」「門松立つ、松飾る」「年木樵、年木伐る、年木売」「餅搗、餅搗唄、餅筵、餅配」「注連飾る」「御用納、仕事納」「掃納」「年守る」「晦日蕎麦」「畳替」「掛取」「賀状書く」「日記買ふ、日記果つ」「古暦、暦の果、暦売」である。年木樵とは、正月に飾る年木を山へ入って伐ることで、年木を家の内外に飾る。歳神を迎えるためで、門松が代表的である。繭玉の挿木や門松の根元の割木などもある。あとで燃料とした。

「行事」では、「終大師、終弘法、果の大師」「終天神」「札納、納札」「年越の祓、大祓」「年越詣、除夜詣、年越参」「年籠」である。終大師は、12月21日、その年最後の弘法大師の縁日で東寺が賑わう。12月25日は最後の天満宮の縁日である。

町中の年の瀬の行事にさまざまな形で学園から学生たちが参加する。企業や地域の依頼を受けて、芸術の力で課題解決に挑戦する社会実装プロジェクトで、年間１００件以上の仕事を学生たちが実行する。その一年の総仕上げのようなプロジェクトが、年末の名物になってきた。四条通りの南座では年末の顔見世が終わると同時に、正月公演の巨大な看板が南座の正面玄関に掲げられる。２０２０年1月の「初笑い！松竹新喜劇　新春お年玉公演」を飾るときには、劇団最長老の髙田次郎さんが立ち会っていた。

年末には新年を迎えるために、さまざまな計画が学園の中に生まれている。カリキュラムも公募展の企画も、それぞれが早くから新年度のスタートとともに始まるように、今から準備する。

底冷と京都盆地の気象

身体の真底まで冷えることをいう冬の季語「冷たし」の傍題が「底冷」である。皮膚に直接感じる寒さで、京都盆地の底冷えはひとしおである。

盆地には成因によって浸食盆地、撓曲盆地や断層盆地などの構造盆地、火山活動によるカルデラ盆地、隕石の衝突によるクレーターなどがある。盆地では沿岸部より気温の日差や年差が大きく、海洋と隔離されているため空気が乾燥しており降水量が少ない。盆地の地形は防御という面で優れており、

なつかしき京の底冷え覚えつゝ　高浜虚子

底冷の京に地震のニュースかな　和夫

平坦な土地であるため古くから都市が発達した。

京都盆地は典型的な活断層盆地である。

京都は底冷えの町と昔からいわれる。最低気温の記録は1891（明治24）年1月16日の摂氏零下11・9度である。明治や大正の時代には最低気温が摂氏零下10度よりも低い年がたびたびあった。京都気象台は京都御苑の中に置かれ、現在の京都市中京区西ノ京笠殿町に移転したのは1913（大正2）年12月だった。零下10度以下の最低気温の記録は京都御苑内の記録である。

比叡颪《おろし》や北山颪《おろし》という言葉がある。颪《おろし》は国字で、太平洋沿岸一帯にある冬の風である。低いレベルに気温の逆転層があるときに山頂から吹き降ろす滑降風をいう。瓜生山学園の本部は京都の上終町、すなわち京都盆地の北の端近くにあって、寒中の比叡颪を受ける場所にある。

東北芸術工科大学の寒紅染め

シンポジウム会場のロビーにはこれまでに染めた生地とポスターが展示されていた

生地をつけた瞬間に鮮やかな発色が生まれる

寒紅や鏡の中に火の如し　野見山朱鳥

寒中染の手を月山へ合はせたる　和夫

寒中に製造する紅の品質は高い。薬用にもなる。初夏に摘んだ紅花から紅餅を作って保存する。それを寒中に取り出して紅を作り、あるいは紅花染めを行う。山形の特産品であり、京都に送られる。江戸後期から明治にかけて、寒中の丑の日に売り出される紅が最高級品であるといわれ、丑紅の名が付いた。

この紅花のことをしっかりと学生たちに伝えてもらうために、東北芸術工科大学美術科テキスタイルコースの辻けい教授（当時）に京都へ来ていただき、京都芸術大学の「自然と芸術」の講義の中で詳しく話していただいたことがある。辻教授は、東北芸術工科大学の水上能楽堂「伝統館」において、詩劇『花はくれない』の公演を行った。この詩劇の企画と監修を続けておられるが、これを京都でも上演する機会ができるといいなと、講義の後で話した。

山形市にある東北芸術工科大学と京都芸術大学とは姉妹校である。この大学の美術科テキスタイルコースでは、毎年4月中旬に紅花の種蒔を大学の畑で行う。種を蒔いて5月下旬から6月頭に「間引き」をする。間引いた葉でパーティーを開催するという。七夕の頃、朝から最初の収穫祭で花を摘む。摘み取った花を発酵させ、紅餅として保存して、寒中に染液にして「寒中染」をする。

いよいよその寒中染の季節が来て、高橋保世さんが準備万端、撮影に出かけた。その写真から寒中染を体験してほしいと思う。この日の行事は、まず修験道の場で知られる出羽三山に祈りを捧げる場面から始まり、たくさんの学生が参加した。地元の市民も、それを見学したり、経験豊かな方が学生たちにアドバイスしたりという一日であった。

また、紅花にまつわるさまざまな視点から議論するシンポジウムも開催され、京都からは吉岡幸雄さんが参加した。京都で江戸時代から続く染屋「染司よしおか」の五代目当主である（現在は六代目吉岡更紗）。

東洋古来の植物染めの美しい仕上がりを雪の上に広げながら、寒中の参加者の熱気が伝わる写真をじっくりとご覧いただきたい。

十日ゑびすと南座の看板制作

南座に2019年1月9日に設置された『喜劇 有頂天団地』(1月12日～27日公演)の看板。京都芸術大学の学生が、美術工芸学科の山本太郎准教授（当時）の指導のもと2枚の看板を制作。学生が演目の看板を手がけるのは初の試み

初戎曲れば四条通の灯　辻田克巳

四条にて日付の変はる残り福　和夫

新年になって最初の戎祭のことである。商売繁盛の神として信仰を集める大阪の今宮戎神社、京都の恵美須神社、兵庫のえびす宮総本社・西宮神社が知られる。

京都の恵美須神社では、1月8日招福祭、9日宵ゑびす祭、10日初ゑびすで東映女優の奉仕による福笹の授与、11日残り福祭、舞妓さんによる福笹と福餅の授与、12日撤福祭という日程である。

宝恵かご社参では、東映の女優がかごに乗り、「商売繁昌でささもってこい」のかけ声勇ましく、太秦の映画村より神社へ参拝する。

縁起物の大宝、福俵、福箕、福熊手、福鯛、宝船、宝来、御札、御守り、福銭、小判が授与され、神楽殿では終日、神楽の奉納があり、残り福祭では、舞妓さんの奉仕により福笹を受けた人に福餅が授与される。

京都の恵美須神社への参道には、四条から南へ屋台がならぶ。四条通の西の端は松尾大社の本殿、東の端は祇園の石段下までである。四条大橋西詰には、ウィリアム・メレル・ヴォーリズ設計で１９２６年竣工の東華菜館がある。登録有形文化財で、エレベータは１９２４年ＯＴＩＳ製で、日本に現存する最古のエレベータである。この東華菜館では、伝統を守る北京料理を楽しむ。

四条大橋東詰の南座では、２０１９年正月に行われる２つの新開場記念公演に合わせて、京都芸術大学の学生たちが、劇場正面に掲げる看板を制作した。南座では公演中の演目の看板を正面に掲げる伝統があるが、近年、看板制作に携わる職人が減少しており、技術を継承しようと、本学が２０１９年から協力した。縦約1メートル、横約10メートルの「初笑い！　松竹新喜劇新春お年玉公演」（1月1〜8日）、「喜劇有頂天団地」（12〜27日）の看板である。学生27人が、耐震工事中の南座を見学し、京都市屋外広告物条例を学習し、デザインを考案して取り組んだ。

その南座の大きな看板の下を、福笹を担ぐ人たちが歩いて行くのが、２０１９年の京都の正月風景となった。

望天館で
見る
冬満月

寒月の山を離れてすぐ高し　永方裕子

山河襟帯朱鷺色に明け冬の月　和夫

月は四季それぞれの趣があるが、秋にきわまるので月といえば秋の月、旧暦8月初めのころの月をいう。その他の季節の月も季語であるが、春の月、夏の月、冬の月と詠む。冬の月の傍題には、寒月、冬満月、冬三日月などがある。冬の澄みわたった空に磨ぎ澄まされたように輝く月である。

2020年の節気では、小寒の入りが1月6日の6時30分、大寒の入りが1月20日23時55分、そして立春が2月4日18時03分である。また、1月11日土曜日4時21分に満月を迎える。

アメリカの先住民は、季節を把握するための智恵を持っており、それぞれの月の満月に名前がある。1月の満月は、狼の満月である。真冬の食糧不足を嘆いて、飢えた狼が遠吠えする。

2020年の旧正月は、1月25日土曜日である。中国の最も長い春節の連休期間は2020年では1月24日から1月30日までとなる。3日間（1月25日～27日）だけが休日に制定されていて、旧暦の大晦日と三が日を含んで7連休になる。春節には4000年以上の歴史があり、大晦日には家族そろって食事をし、絵や対聯を赤い紙に書き、門や入り口の框に貼る。餃子と餅などの食べ物が食卓に並ぶ。街では爆竹が鳴り、龍と獅子の踊りが見られる。

2020年の干支は庚子《かのえね》である。庚子が表す意味は、新たな芽吹きと繁栄の始まりで、新しいことを始めると上手くいく、つまり大吉である。干支は、未来に起こることを知るための要素である。東洋の思想では未来は既に決まっている。西洋では時が過去から未来へ流れ、東洋では時は未来から過去へ流れる。西洋の占いは未来を良くするために今何をすべきかを問い、東洋の占いは定められた未来を知ってそれに備えるためのものである。

瓜生山学園の「藝術立国之碑」には、宇宙のこと、地球のこと、命のことが書いてある。それを考えるとき、現在の太陽と月と地球のことを知っておくことが重要である。地球が太陽に最も近い近日点に来るのは毎年1月上旬である。近いのに1月は寒い。地球の公転軌道の離心率は0・0167だから、近日点距離は遠日点距離より3・3%短い。季節による寒暖差は、23・4度という地軸の傾きから生まれる。

望天館の横に立って空にかかる冬満月を見ながら、そんな宇宙のことを考えてみるのも、また面白いかも知れない。

こども芸術大学のお正月

むつかしきことまゐらする懸想文

この大地ガイアの統べる去年今年

大石悦子
和夫

　春夏秋冬の季語、年の暮れの季語に加えて、新年の季語で、さまざまな正月の行事を詠む。前に年末の年用意を紹介したが、今回は正月の行事の季語をまず並べてみたい。

　新年の時候の季語は、新年、初春、正月、睦月、今年、去年今年、去年、元日、元朝、三が日とあり、二日からは毎日、七日までが季語である。人日、松の内、松過、二十日正月で終わる。

　天文では、初空、初日、初明りというように、初の付く季語が多い。御降は、初めて降る雨である。淑気という季語もある。

　地理では、初景色から始まるが、初富士、初筑波、初比叡、初浅間がとくに季語に入っている。若菜野もある。

　生活や行事の項では、若水、門松と始まり、注連飾、蓬萊、鏡餅があり、年男、年賀、御慶という祝い、賀状、書初などの行事、仕事始、初旅など日常に行われる行動の最初、薺打つ、七種粥、万歳、獅子舞、猿廻しなどの催し、初釜などの行事、歌留多、双六などで遊び、初天神、初薬師、初閻魔、初観音、初大師などに出かける。懸想文売が現れるのは京都の須賀神社だけであり、全国から懸想文を買いに来る男女が多い。

　動物では、嫁が君、初鶏などの縁起のいい動物が特別に扱われ、植物でも、楪、歯朶、福寿草、春の七草のそれぞれが列挙される。

　瓜生山学園では1月6日に、仕事始めの教職員総会で、学長たちの年頭の挨拶がある。そこで認可保育園こども芸術大学の鍋島惠美園長（当時）からは、昨年一年の園での活動報告とともに、こどもたちがお正月を祝ってさまざまな工夫をして創作した正月のお飾りが写真で紹介された。注連縄は、こどもたちが育てた稲を折れないようにたたいて輪をつくり、それに裏白、楪、橙の代わりの柚子を飾った。

　瓜生山学園の農場からは、さまざまな作物が次つぎと収穫されるが、こどもたちが土に触れる大切な機会としてそれらが一年を通じて活動に組み込まれている。自然に肌で触れることによって、こどもたちは貴重な体験を心に残す。園長の希望を入れて、園には畳の一角がある。その畳の上には鏡餅が置かれている。さらに、２０２１年の干支を描いた賀状がある。いかにも牛らしい牛がどうどうと描かれている。新しい年がよい年になってほしいと願う気持ちがそこにあふれている。

卒業

赤丸ある卒業作品の名札

瓜生山学園の卒業制作展

卒業歌ぴたりと止みて後は風　岩田由美

陶芸コース九十六歳卒業す　和夫

毎年、２月から３月にかけて全国各地で卒業式が行われる。私の出た私立土佐高等学校では、昔から卒業式が早い時期に行われていた。高知の街を１月31日に歩いていたら、「今日は卒業式ですね」と声をかけられて、そのことを思い出した。近畿では、近大附属和歌山高校で１月17日に卒業式が行われた。このように早く卒業式を行うのは、大学の入学試験を受ける人が出かけないうちに、全員参加の卒業式ができるようにという配慮である。

学校ごとに就学期間の修了を祝う式典を「卒業式」というのは日本と韓国の習慣で、日本では学校教育法施行規則によって定められた学校行事となっている。

ヨーロッパではバカロレアなどの公的試験合格で課程が終わる。ロンドンでは一斉に帽子を投げ上げる。アメリカでは６月、韓国では２月の卒業式が多い。ＭＩＴの卒業式では、ドレスコードがあるが、遊び心豊かな学生たちが多い。帽子の上にＭＩＴのキャンパス模型を載せた土木工学の学生、火星着陸船の模型を載せた航空宇宙工学の学生もおり、ドラえもんガウンを着て来る学生もいる。

京都芸術大学の卒業式では、映画学科や舞台芸術学科の卒業生が、春秋座の舞台で素晴らしいパフォーマンスを披露してくれる。２０１７年は最高の歌唱力を讃えて学長特別賞を出した。

瓜生山学園では、２月３月に卒業展がある。京都芸術デザイン専門学校の卒業終了制作展は、みやこめっせで２月10、11日に開催された。瓜生山キャンパス全体が美術館となる大学の卒業制作展が２月10日からで、毎年１５００人ほどの人が来る。通信教育部では３月に卒業展がキャンパスである。今までの最高齢の学士は96歳で、ギネスブックに登録された。

瓜生山学園にも、２０１９年４月に、いよいよ高等学校が仲間入りすることになった。大学に附属する通信制の高等学校で、今までにない新しい高等学校の登場である。その卒業式はどんな式典になるのか、今からとても楽しみにしている。

卒業制作展の準備と岡崎公園のK展

ポケットの底抜けしまま卒業す　津田清子

赤丸ある卒業作品の名札

和夫

「卒業」は春の季語である。毎年2月、3月には瓜生山学園の卒業生たちの様子が、この瓜生山歳時記にも登場している。日本の大学は、4月入学で2月から3月の卒業が多い。その前後に、大試験、学年試験、進級試験、卒業試験という季語があり、落第という季語も入っている。卒業、卒業生などの季語があり、春休の季語があって、4月の入学、入学式、新入生、入園などの季語がある。もちろん、その前に、年明けから入学試験、受験、受験生、受験期などの季語がある。

2020年の春の卒業式は、新型コロナウイルスによる感染症拡大の影響で中止する大学が多かったが、2020年度の卒業式は多くの大学で2021年3月に行われるようである。瓜生山学園でも、京都芸術大学の通学部、通信教育部、同附属高等学校、京都芸術デザイン専門学校、京都文化日本語学校、認可保育園こども芸術大学が、次つぎに卒業式、卒園式を迎える。

瓜生山学園に最も近い京都大学では参加人数が多いので、卒業式は岡崎公園にある京都市勧業館みやこめっせで2021年3月24日（水）の9時30分から挙行した。

岡崎公園は、明治28年の第4回内国勧業博覧会跡地に道路を開き、平安神宮に寄付して残った土地に木を植えて生まれた。東山を背景に、南禅寺、永観堂、平安神宮、動物園、京都市京セラ美術館、ロームシアター京都、府立図書館などもある。

京都市勧業館みやこめっせでは、瓜生山学園 京都芸術デザイン専門学校の「K展」が行われた。これは、専門学校の学生が「社会」「企業」と連携してきた成果を展示し、プレゼンテーションするという、いわば集大成の場である。2021年も新型コロナウイルスには負けないよう、しっかりした感染症対策のもとに開催された。

この専門学校の大きな特徴は、「瓜生山学園連携による充実した施設とカリキュラム」、「実際の企業との連携による仕事に直結する学び」、「目指す業界を実際に体験できるインターンシップ」、「京都芸術大学への編入学」である。併設の大学などとの合同授業や共同プロジェクトにより、通常の専門学校では得られない体験もする学生たちの成果を目の当たりにするのが、私の毎年の楽しみの一つである。

瓜生山学園の卒業式さまざま

卒業奏弾き終へて身を正しうす　山口誓子

瓜生山より京都盆地の春霞　和夫

日本の学校教育の年度は4月に始まり3月に終わる。4月始まりの年度は、日本の国家予算などに関連して多くの業界で定められている。年度というのは、会計など事務作業を目的としたものが中心で、多くは政府機関や業界団体などによって決定されている。会計の年度は会計年度と呼ばれる。瓜生山学園の年度は、学校年度である。カンボジア、ギニアなどでは学校年度が10月に、ヨーロッパ、アメリカ、カナダ、中国など多くの国では9月に、韓国、ペルーでは3月に、ウガンダ、モザンビークなどでは2月に、スリランカ、バングラデシュなどでは1月に、それぞれ学校年度が始まる。

学校年度に応じて卒業式の時期も異なる。イギリスでは7月の卒業式でいっせいに帽子を投げる。アメリカ合衆国の大学の卒業式は日本とずいぶん異なっている。参列者も日本だと保護者はフォーマルウェア必須で、黒か紺という暗黙のルールがあるようだが、アメリカでは、シャツやワンピースなどの普段着ＯＫというカジュアルな卒業式で、式はぶっつけ本番、後は友人や家族とお祝いというのがアメリカ流である。

２０２０年度の瓜生山学園の卒業式は、２０２１年2月28日(日)の京都芸術大学附属高等学校卒業式から始まった。続いて3月7日(日)には京都芸術デザイン専門学校と京都文化日本語学校の卒業式、3月13日(土)に、京都芸術大学卒業式が午前中に2回に分けて行われ、午後には通信教育課程の卒業式であった。さらに、3月27日(土)に認可保育園こども芸術大学の卒園式であった。

卒業式は人生の記念となる行事で、それぞれに記念写真を撮ったり家族との思い出を演出したりすることが多く、何とかして実施するように感染症対策本部と相談しながら、教職員が工夫している。会場の設営も毎年とは異なるものものしい設営である。式典の進行にも工夫があり、準備がたいへんである。幸いなことに、瓜生山学園では、京都芸術劇場での行事や大学の卒業展、東京都美術館での選抜展と、多くの経験を重ねてきたこともあって、感染症対策が抜かりなく行われている。

京都芸術大学附属高等学校は２０１９年に開設された通信制の高等学校で、２０２０年度卒業生は31名であった。その祝辞では選挙権の大切さを私は強調した。立法、司法、行政の三権分立の基本を大切にする国と必ずしも言えない社会状況を、しっかり自分の目で見て投票してほしいと述べた。

私も８年間学長をつとめたが、２０２１年3月で卒業することになった。この瓜生山歳時記も、高橋保世さんの美しい写真とともに、多くの方々に読んでいただき、深く感謝しつつ幕を閉じることとした。

編集後記

岡知里

（所属　文芸表現学科　２０２１年度から中村純ゼミ）

編集に携わり、瓜生山に咲く花の名や風に揺られる木々の名を知って、京都芸術大学に通う学生たちがこれほどの豊かな自然に見守られながら芸術を学んでいることを実感しました。

また、何気なく過ごしていた日常の中に、こんなにもたくさんの季語があるのだと気づくことができました。瓜生山の魅力に溢れた歳時記となっています。

読者の皆様にも、きっと新たな発見があるはずです。今まで以上に、巡りゆく季節が愛おしく思えてくるのではないでしょうか。四季折々の季語に触れ、制作に励む学生たちの姿、瓜生山の自然豊かな風景を存分に楽しんでいただければ幸いです。

平尾美優

（所属　文芸表現学科　２０２１年度から中村純ゼミ）

『瓜生山歳時記』では季節の移ろいを、瓜生山、京都芸術大学を通して色鮮やかに描いています。私は京都芸術大学に来てもうすぐ三年経ちますが、まだまだ知らない瓜生山の魅力に気付かされました。そして季語も知らないものばかり。そうなんだ！　と興味深いものがたくさんありました。

桃色の桜、緑の葉、紅い紅葉、白い雪、橙に染まった夕焼け。気づかないだけで世界はこんなにも色づいています。ひとつひとつの文章に丁寧に紡がれたことばたち。その美しさが、『瓜生山歳時記』にはありました。文字と写真を通して季節の美しさを楽しむことができました。

松村昴樹

（所属　文芸表現学科　２０２１年度から中村純ゼミ）

山では、四季折々の自然を肌身で感じることができます。京都芸術大学は瓜生山の麓にあり、舞い散る桜や銀杏の下で私たち学生は日々制作に励んでいます。

今回編集に携わり、瓜生山はこんなにも広かったのだと気づきました。山そのものが持つ豊かな自然や、そこから見える景色。私の知らなかった魅力がこの歳時記にたくさん詰まっていました。きっと、他にも瓜生山を形成する素敵な木々の姿があるのでしょう。

『瓜生山歳時記』では、春夏秋冬の時の経過に沿って四季を楽しむことができます。美しい自然や学生の生活を、言葉と写真で感じていただけたら嬉しいです。実際に、瓜生山で京都の空気を味わうのもよいですね。

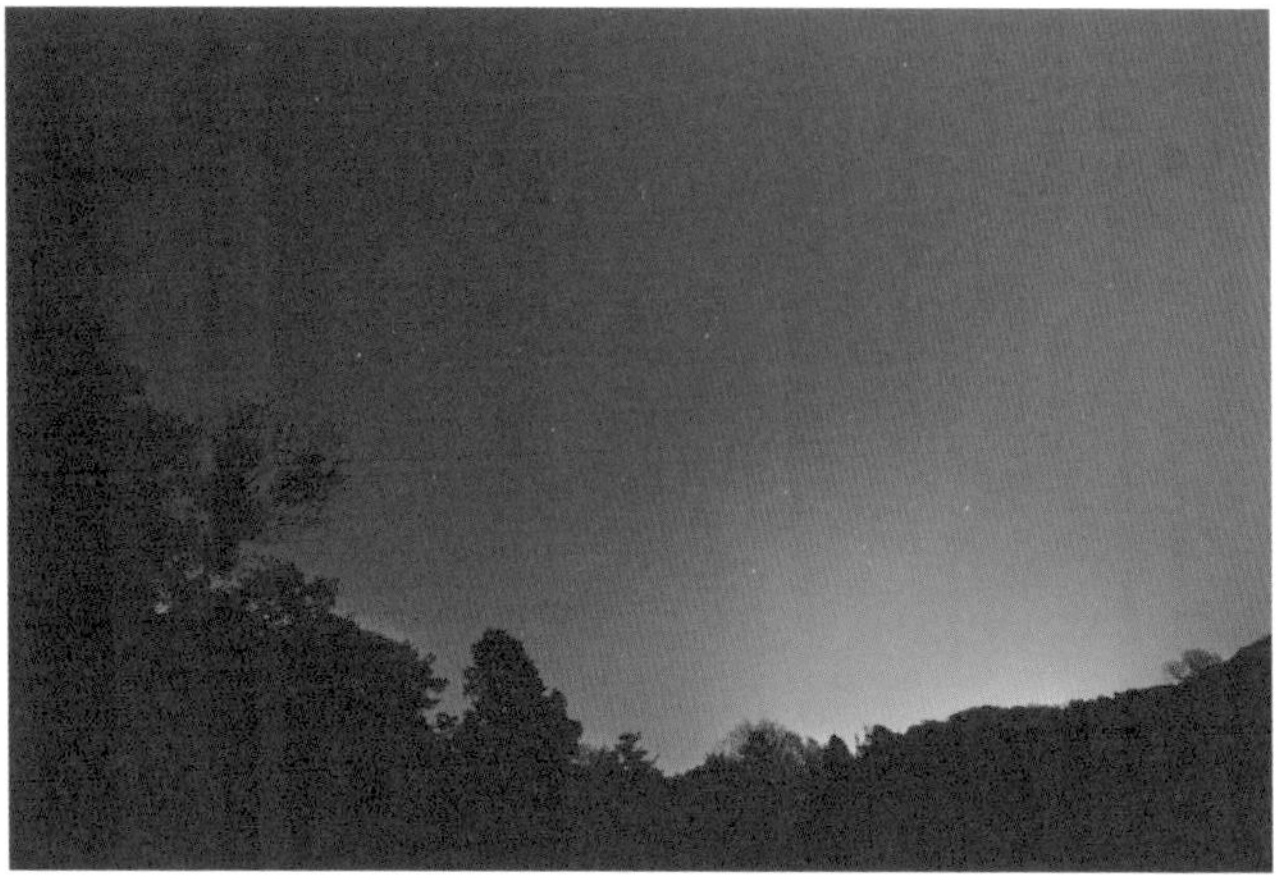

文

尾池和夫

２０１６年９月１日「防災の日」、私は隠岐ジオパーク空港に着き、その日のうちにフェリーで海士町に着きました。海士町の山内町長らが海の幸のバーベキューで歓迎してくれました。海士町は瓜生山学園の創設者である徳山詳直の生誕地です。その旅行中に竹島の歴史を知り、国境紛争の場所を国際的に協力してユネスコ世界ジオパークにするという考えを思いついて、以来その課題について考え続けています。

隠岐から帰宅し、９月６日に『瓜生山歳時記』第１回「二百十日と防災訓練」の原稿を「瓜生通信」に寄せました。それ以来、瓜生山学園の「藝術立国」の基本理念のもと、多くの人びとが活動を続ける様子を紹介しました。それが今、皆さまのお世話で瓜生山学園の四季を見ていただく一冊になり、とても感謝しています。

写真

高橋保世

二〇一六年、私が京都造形芸術大学の三回生の夏、広報室からお話をいただき『瓜生山歳時記』の撮影に携わることになりました。以来二〇二一年までの五年間、様々な冒険をさせていただきました。

ひとり大学に忍び込み明けゆく空を撮影し、瓜生山の美しい花や木々に心癒されたこと。東北芸術工科大学に足を運び、新しい世界に出会えたこと、学食のおでんを皆で囲んだこと……。どれもかけがえのないひと時でした。

京都芸術大学文芸表現学科の中村純先生から『瓜生山歳時記』の書籍化のお話をいただいた時は胸が熱くなりました。瓜生山学園、尾池和夫先生、ご縁のある皆さまと出会えたことを心より嬉しく思っています。

変わりゆく自然、人、瓜生山学園。ひとつとして同じ景色には出会えないけれど、「こんな景色があったんだ」と想いを馳せながらご覧いただけると幸いです。

尾池 和夫 *Kazuo Oike*

1940年東京で生まれ高知で育った。1963年京都大学理学部地球物理学科卒業後、京都大学防災研究所助手、助教授を経て88年理学部教授。理学研究科長、副学長を歴任、2003年12月から2008年9月まで第24代京都大学総長、2009年から2013年まで国際高等研究所所長を勤めた。2008年から2018年3月まで日本ジオパーク委員会委員長。2013年4月から京都造形芸術大学学長。2020年4月大学の名称変更により京都芸術大学学長（2021年3月まで）。2021年4月から、静岡県公立大学法人理事長兼静岡県立大学学長。

高橋 保世 *Yasuyo Takahashi*

1996年3月11日生まれ 山口県出身。京都在住。
2018年元京都造形芸術大学卒業（現代美術・写真コース）
幼少期より写真への関心があり、人の想いに寄り添える写真、人の心を動かす写真を撮りたいと思い写真家としての活動を始める。
現在は主に企業のEC用の商品撮影、取材・広報などの撮影、様々な記録撮影に携わる。一方、ライフワークでは肖像写真撮影に取り組み、その人の良さを引き出し、気づきを与えられるような写真撮影を目指している。

編集　中村 純
写真　高橋保世
造本　中島佳那子（文図案室）

藝術学舎設立の辞

京都芸術大学
東北芸術工科大学
創設者　德山詳直

二〇一一年に東日本を襲った未曾有の大地震とそれに続く津波は、一瞬にして多くの尊い命を奪い去り、原発事故による核の恐怖は人々を絶望の淵に追いやっている。これからの私たちに課せられた使命は、深い反省による人間の魂の再生ではなかろうか。

我々が長く掲げてきた「藝術立国」とは、良心を復活しこの地上から文明最大の矛盾である核をすべて廃絶しようという理念である。道ばたに咲く一輪の花を美しいと感じる子供たちの心が、平和を実現するにちがいないという希望である。

芸術の運動にこそ人類の未来がかかっている。「戦争と平和」「戦争と芸術」の問題を、愚直にどこまでも訴え続けていこう。これまでもそうであったように、これからもこの道を一筋に進んでいこう。

藝術学舎から出版されていく書籍が、あたかも血液のように広く人々の魂を繋いでいくことを願ってやまない。

瓜生山歳時記《うりゅうやまさいじき》

二〇二三年三月二四日　初版第一刷発行

著者　尾池和夫《おいけかずお》
　　　高橋保世《たかはしやすよ》

発行者　德山　豊

発行　京都芸術大学 東北芸術工科大学
　　　出版局 藝術学舎
　　　〒一〇七-〇〇六一　東京都港区北青山一-七-一五
　　　電話　〇三-五四一二-六一〇二
　　　FAX　〇三-五四一二-六一一〇

発売　株式会社メタ・ブレーン
　　　〒一五〇-〇〇二二　東京都渋谷区恵比寿南
　　　三-一〇-一四-二一四
　　　電話　〇三-五七〇四-三九一九
　　　FAX　〇三-五七〇四-三四五七

印刷・製本　株式会社シナノ

©Kazuo Oike , Yasuyo Takahashi Printed in Japan

ISBN978-4-910546-20-9

価格はカバーに表示してあります。
本書のコピー、スキャン、デジタル化等の無断複製は著作権法上での例外を除き禁じられています。
本書を代行業者等の第三者に依頼してスキャンやデジタル化することはたとえ個人や家庭内の利用でも著作権法違反です。
落丁・乱丁本は購入書店名を明記のうえ、藝術学舎宛にお送りください。藝術学舎送料負担にてお取り替え致します。